© 2025 Mark Hood 14
Verlag: BoD · Books on Demand GmbH, Überseering 33, 22297 Hamburg, bod@bod.de
Druck: Libri Plureos GmbH, Friedensallee 273, 22763 Hamburg
ISBN: 978-3-7693-2800-4

Table des matières:

<u>**Préface:**</u>

Cher lecteur,

ce livre devrait contribuer à une vie meilleure par l'orientation et l'optimisation - un meilleur
"code" conduit à un gain émotionnel dans la société ...

Le sens de la vie est (fondamentalement) de vivre, où les sentiments (l'âme de la personne, que vous pouvez entendre dans sa voix) sont les plus importants. Les sentiments représentent quelque chose à l'instant présent dans un univers infini d'espace et de temps. Le bon régime (carburant) est crucial pour les sentiments (recommandation: salade et pâtes, 1 x viande par semaine), ainsi que toujours faire ce qu'il faut sur le moment .

L'action juste dans le moment présent est la voie philosophique pour arriver au but - l'équilibre - qui est un état d'équilibre et de satisfaction complets, pour ainsi dire, un point zéro central dans lequel tout est pris en compte et fait aussi - qui conduit à ce qu'il soit actuel peut utiliser votre tête libre pour la prochaine chose qui vient ensuite. Créer un équilibre (équilibre) est un chemin sage qui mène au bénéfice de l'équilibre, ...

L'accent est mis sur « l'homme et la femme » – tous deux agissent ensemble (de manière harmonieuse et complémentaire), sont en bonne santé et ont une progéniture – ils ne peuvent pas le faire seuls, c'est ainsi que la nature l'a voulu. Pour y parvenir, chacun doit trouver le bon partenaire, se mettre d'accord sur quelque chose et travailler ensemble vers le but, où « le chemin est la destination » (Confucius). Le gouvernement actuel de l'État établit le cadre officiel de cette activité par le biais de lois. Donner et recevoir doivent être égaux afin que les deux soient satisfaits...

Fondamentalement, toutes les personnes sont identiques (au moins le chien), mais en particulier elles ne le sont pas. Les règles devraient donner à tous le même cadre (d'action), mais qui veut juger cela quand il y a de très grandes différences entre les gens. Le fait que les gens se ressemblent et soient différents conduit à de nombreux groupes différents qui peuvent difficilement être réunis, car ils sont parfois controversés, mais dans l'ensemble sont très riches en raison de leur diversité colorée, ce qui est avantageux pour un objectif commun des personnes : que Survie de l'espèce. La démocratie signifie que la majorité actuelle détermine, mais pas nécessairement, que c'est mieux pour tout le monde (en particulier pour les personnes spéciales). Einstein a écrit: « Mon idéal politique est la démocratie. Chaque personne doit être respectée en tant qu'individu, mais personne ne doit être idolâtré. »

Il faut également tenir compte du fait que toutes les personnes n'ont pas les mêmes opportunités dans la vie et qu'elles sont «forcées» d'emprunter le «mauvais chemin» dès le départ - elles manquent d'éducation, de famille et de travail, par exemple. Ici, des personnes plus riches pourraient donner aux enfants pauvres la chance d'avoir accès à l'éducation, à la santé et au travail au début avec l'aide d'un programme de développement...

De plus, il faut dire que le "calcul ne marche pas au final" si la destruction des ressources humaines, végétales, animales et autres (environnementales) de la planète coûte plus de "capital" qu'elle ne génère actuellement de profit pour certains. industriels dont les propriétés propres ne valent finalement rien si tout (globalement) est "cassé"...

Un développement ultérieur de la vie peut signifier que le meilleur travail qui en résulte rend possible les vols spatiaux interstellaires et la colonisation d'autres planètes à un moment donné dans le futur.

Il est sûrement sage de s'assurer que les descendants survivent sur le long terme...

Mark

<u>**Pense:**</u>

La façon de penser des gens est très différente et va de l'individuel à la pensée générale collective, de la matière simple à la matière compliquée/complexe...

« La pensée comprend tous les processus qui tentent de former des connaissances à partir d'une préoccupation intérieure avec des idées, des souvenirs et des concepts. » (Wikipédia). Si l'on compare la pensée avec un processus informatique, on pourrait imaginer qu'un programme avec ses instructions est utilisé pour traiter logiquement les données pertinentes (de la mémoire principale et permanente) dans un processeur afin de déterminer un résultat - mais il faudrait le faire avec les humains Incluez des sentiments (avec une force pertinente).

Avec l'approche des mathématiques, la pensée devient correcte, et avec l'aide de la technologie, l'action devient logique. Cependant, il faut tout considérer, c'est-à-dire tout savoir. Ce qui est important pour votre propre vie en ce moment est "dit par vos sentiments".

L'intuition (intuitio = perception immédiate) est la capacité d'avoir un aperçu des faits, des points de vue, des lois ou de la cohérence subjective des décisions sans utilisation discursive de l'esprit, c'est-à-dire sans conclusions conscientes.
L'intuition fait partie des développements créatifs. L'intellect accompagnant le développement (la capacité de saisir quelque chose mentalement et l'autorité chez l'homme qui est responsable de la cognition et de la pensée) n'exécute ou ne vérifie consciemment que les résultats qui viennent de l'inconscient. Il est essentiel de voir ici que si une décision - initialement non justifiable - a un effet positif, on aime parler d'intuition, alors qu'en cas d'échec on a simplement « fait une erreur », de sorte qu'il n'y a actuellement aucun mécanisme pour vérifier quels processus mentaux ont conduit à la décision respective.
L'alcool, les drogues et la viande ont tous un effet. « Certains scientifiques soupçonnent que l'échange d'informations entre le système nerveux « entérique » et le cerveau joue également un rôle dans les décisions intuitives (« décisions intestinales »). » (Wikipédia).
Pour beaucoup, l'action est alors une habitude, selon ce qu'ils mangent ou ont mangé...

<u>**Philosophie:**</u>

1. Le sens de la vie est de vivre
2. La vie est faite de sentiments
3. Les sentiments naissent de l'action
4. L'intrigue doit s'adapter
5. La vie est le travail d'une vie d'actions et de sentiments
6. "Le chemin est le but" (Confucius)

<u>Éthique:</u>

« Est-ce la partie de la philosophie qui traite des conditions préalables et de l'évaluation de l'action humaine. Au centre de l'éthique se trouve spécifiquement l'action morale, notamment en ce qui concerne sa justification et sa réflexion ». (Wikipédia)

Table simple à 4 champs pour le « trading »:

faire quelque chose de mal qui est bien (est propre)	faire quelque chose de bien qui est bien (est propre)
faire quelque chose de mal qui n'est pas bien (est impur)	faire quelque chose de bien qui n'est pas bien (est impur)

TABLE OF GOODNESS		
BE FAIR	BE ALIVE	ACT WISELY
THINK LOGICAL	PROTECT LIFE	MARRY SOMEONE
KNOW EVERYTHING	BE HEALTHY	HAVE CHILDREN
INFORM PEOPLE	THINK COMPLETE	BE HONEST
BE OPEN	MAKE YOUR OWN DECISIONS	BE PUNCTUALLY
BE CREATIVE	ACT RESPONSIBLE	BE ORDERLY
BE TOLERANT	FIND THE MIDDLE	BE CORRECT
MAKE A SHOW	KEEP BALANCE	BE RIGHTEOUSNESS
BE VARIED	BE READY	MAKE SOME MONEY
LIVE FREE	BE ABLE	BE CLEAN
BE CRITICAL	BE CAREFUL	MAKE A DEMONSTRATION
PRESERVE HUMANITY	BE HOLISTIC	BE PRECISE
HELP OTHERS	BUILT A TEAM	INFORM AND TRAIN YOURSELF
	SET UP AN INSTITUTION	LEARN + IMPROVE
	WORK TOGETHER	TEACH OTHERS
	FIGHT FOR EQUITY	

A la fin il y a la pierre philosophale et tu deviens une constellation (rôle modèle)

« bon » signifie-t-il réellement « dieu »?

(N'y a-t-il pas un lien?)

<u>**Croyez:**</u>

La croyance signifie qu'un état de choses est considéré comme apparemment vrai, sans aucune justification méthodologique. La croyance dans le langage courant est donc une présomption ou une hypothèse qui suppose la vérité des faits présumés, mais laisse en même temps ouverte la possibilité de réfutation si la présomption s'avérait incorrecte / injustifiée par des faits ou de nouvelles connaissances. La croyance est différente de la connaissance, qui peut être comprise comme un fait vrai et justifié.

La croyance religieuse (attitude de base de confiance et d'approbation) est toujours basée sur la volonté/la volonté (la conversion des idées en réalité par des actions) de croire et suppose la vérité absolue du contenu de la croyance (par exemple l'existence de Dieu (dieu/bien) ~ en Forme du bien...)

« Religiosité » désigne le respect de l'ordre et de la diversité dans le monde et le sentiment général d'une réalité transcendante et indépendante (qui se situe en dehors / au-delà du domaine de l'expérience (finie) possible et de la perception sensorielle, c'est-à-dire n'est pas immanente), tandis que la « croyance » " est Comprend « être convaincu » de l'enseignement d'une religion (ou d'une philosophie) spécifique.

(Wikipédia)

De nombreux érudits considèrent la croyance en Dieu comme une superstition parce qu'ils n'ont aucune preuve que Dieu existe ; c'est un trouble irréaliste de la conscience auquel de nombreux croyants sont soumis. Cependant, il n'a pas été prouvé que Dieu n'existe pas.

De nombreuses valeurs correctes sont représentées par les religions, entre autres (voir aussi « table de la bonté »).

Les valeurs spirituelles (qui sont symbolisées par la lumière des bougies) représentent quelque chose de divin (là où il y a de la lumière, il y a aussi de la vie - cela fait partie de quelque chose de bien).

Croire en eux est certes bien, mais bien sûr aussi en soi en tant que partie du tout.
L'esprit individuel est important pour la diversité dans une communauté religieuse.

<u>**Différentes religions:**</u>   **(Wikipédia)**

- **Christianisme (2,2 M):** le christianisme est une religion mondiale issue du judaïsme (Suggestion: Ajoutez 2 commandements à Moïse: Ne soyez pas trop égoïste (11), règle d'or (12)) Vos disciples sont appelés chrétiens, la totalité des chrétiens est également appelée christianisme. Jésus de Nazareth, un prédicateur itinérant juif apparu vers 28-30 après JC et exécuté à Jérusalem, est d'une importance centrale pour le christianisme. Après sa crucifixion et sa résurrection, ses disciples reconnaissent en lui le Fils de Dieu et le Messie attendu par le judaïsme. Dans leurs confessions, ils l'appellent Jésus-Christ. La croyance en lui est fondée sur les écritures du Nouveau Testament.

- **Islam (1,5 M):** L'islam est une religion monothéiste fondée en Arabie au début du 7ème siècle après JC par le Mecquois Mohammed. L'islam est aussi généralement appelé abrahamique, la religion prophétique de la révélation et la religion des livres ou des écritures. Le mot arabe Islam est un nom verbal du verbe arabe « aslama » (se rendre, se rendre). Cela signifie littéralement "se rendre" (dans la volonté de Dieu). Le terme pour celui qui appartient à l'Islam est musulman. La forme plurielle en allemand est Musulmans ou Musulmans, Musulmans, Musulmans.

- **La laïcité (1,1 M) :** (du latin saeculum « temps », âge » ; aussi : « siècle », comme « ici et maintenant « contraste avec « éternité », qui est compris comme « d'un autre monde ») décrit une vision du monde qui se concentre sur l'immanence et la sécularisation de la société et renonce aux questions métaphysiques et religieuses qui vont au-delà. Elle relève de deux processus : d'une part la sécularisation, c'est-à-dire le processus démental de découplage ou de séparation entre la religion et l'État, d'autre part de la sécularisation, le processus concret de remplacement du pouvoir séculier des institutions religieuses.

- **Hindouisme (0,9 M):** L'hindouisme est aussi appelé Sanatana Dharma (la loi éternelle). Il a son origine en Inde. Les adeptes de l'hindouisme sont appelés hindous (d'un point de vue colonialiste européen). Contrairement aux autres religions, il n'y a pas de fondateur de religion dans l'hindouisme, mais les systèmes religieux de l'Inde se sont développés sur une période d'environ 3 500 ans. L'hindouisme unit donc fondamentalement différentes religions, dont certaines se chevauchent avec des traditions communes et s'influencent mutuellement, mais présentent des différences dans les écritures saintes, les croyances, le monde des dieux et les rituels. (Les termes incluent « caste », « réincarnation »).

- **Bouddhisme (0,38 M):** Le bouddhisme n'est pas une religion théiste et n'a donc pas pour centre le culte d'un Dieu tout-puissant. Au contraire, les croyances de la plupart des enseignements bouddhistes se réfèrent à de vastes considérations philosophiques et logiques, comme c'est également le cas dans le taoïsme chinois et le confucianisme. Ce n'est donc pas une religion révélée. Ce que tous les bouddhistes ont en commun, c'est qu'ils se réfèrent aux enseignements de Siddhartha Gautama ("Bouddha historique") - l'éveillé. Il s'agit d'un aperçu fondamental et libérateur des faits fondamentaux de toute vie, d'où résulte le dépassement de l'existence douloureuse. Cette connaissance doit être atteinte en suivant ses enseignements sous forme de pratique bouddhiste.

- **Religions ethniques (0,27 M) :** Tous les systèmes de croyance transmis oralement ou par des rituels qui n'ont aucun enseignement écrit. Les abonnés n'appartiennent qu'à un seul groupe.

<u>**Christianisme:**</u>

« La foi chrétienne, c'est se tourner vers le Dieu chrétien et un détournement de soi bien compris. Elle est donc considérée comme incompatible avec la renommée de soi et la confiance en ses propres actions. Ce que tous les courants chrétiens ont en commun, c'est la croyance que tout ce qui existe a été créé par Dieu et maintenu dans l'existence devient.

Au centre de cette création se trouve l'être humain, qui n'est pas capable de faire le bien par lui-même (péché originel) et a besoin de l'amour et de la grâce de Jésus-Christ pour être sauvé et atteindre la vie éternelle. Selon la doctrine chrétienne, Jésus-Christ est le Fils de Dieu incarné.

Les trois personnes de la divinité chrétienne, Dieu le Fils, Dieu le Père et Dieu le Saint-Esprit, sont trinitaires.

La foi est basée sur les Saintes Écritures de la Bible, qui sont considérées comme inspirées par Dieu.

Un point de discorde majeur parmi les confessions chrétiennes depuis la Réforme a été la question de savoir si l'homme est justifié devant Dieu par sa seule foi, comme Martin Luther en particulier l'a souligné, ou si de bonnes œuvres sont nécessaires pour cela parce que la foi sans les œuvres est morte comme il est souligné dans le catholicisme.

Selon la croyance chrétienne générale, la foi est la réponse personnelle à la parole de Dieu ou de Jésus. Cette réponse se produit toujours dans la communauté de tous les croyants et au nom de tous les peuples. Il y a désaccord sur la question de savoir si la pleine réalité de la foi a lieu dans le cœur de l'individu (selon la plupart des confessions évangéliques ou protestantes) ou si la foi de l'Église a une priorité ontologique (métaphysique) (selon l'enseignement catholique).

Le mode de vie façonné par la foi chrétienne s'appelle la piété. »

(Wikipédia)

<u>**Réforme de l'Église**</u>

Selon une enquête de 2019, l'église perdrait la moitié de ses membres à l'avenir (30 à 50 ans) si elle ne se réforme pas (qui a ensuite été approuvée).

Voici mes suggestions:

- Symbolisme: La crucifixion de Jésus-Christ ne représente que la triste fin de l'histoire, mais pas l'histoire principale, à savoir ses discours et son travail devant la population. Il doit donc être placé au centre de l'autel de l'église.

- Conception: Jésus a bu dans une cruche en bois et a parlé d'aider les pauvres, il serait plus authentique de concevoir les églises naturellement et simplement à nouveau: Bon matériau en pierre et bois, murs clairs / pas de murs sombres, pas de bâtiment pompeux avec des feuilles d'or, juste avec des illumination / vitres colorées...

- Confort: Beaucoup de gens aimeraient certainement s'asseoir plus confortablement dans l'église plus

  longtemps, ce que les bancs en bois (médiévaux) inconfortables ne permettent pas -> meubles.

- Musique: Musique spirituelle avec une phonétique non hypocrite et une technologie moderne.

- Un distributeur d'eau, du pain et des vêtements (du deuxième entrepôt) dans l'église pour aider les contemporains assoiffés, affamés et bosselés.

- Il devrait toujours être possible d'appeler un membre du clergé avec une cloche ou de parler/s'avouer avec lui via l'application téléphonique.

- Un étudiant en théologie devrait suivre une mineure en médecine pour savoir...

- Les ecclésiastiques (pasteurs, nonnes, moines) doivent absolument respecter les recommandations sanitaires et nutritionnelles (dans ce livre) concernant la « soif de viande »...

- Comme source de revenus supplémentaire, "l'église" pourrait louer son bâtiment une fois par mois à un groupe ésotérique pour un événement (calme & spirituel) ...

<u>**École:**</u>

Avant d'aller à l'école, vous devez faire un bilan de santé (mental et physique) des plus petits pour vérifier leur capacité à aller à l'école et, si nécessaire, pour corriger les maladies. Au début de l'école, il devrait alors y avoir une prise de conscience de l'importance d'enseigner et d'apprendre dans la vie ...

À l'école, il faut apprendre les connaissances de base dans différents domaines (matières).

A cet effet, les élèves doivent se rendre régulièrement en classe, où ils doivent écouter, apprendre à lire et à écrire, mais aussi dessiner, chanter et faire de la gymnastique.

Pour le reste de l'école, il est fortement recommandé d'enseigner les matières suivantes :

- "Santé, exercice et nutrition" (pour qu'il y ait moins de malades)
- "Lois et justice" (pour qu'il y ait moins de criminalité et de prisons)
- "Argent et Finances" (pour qu'il y ait moins de pauvres (maisons))
- "Anthropologie et identité"

L'enseignant doit rendre les cours aussi intéressants que possible afin que les élèves aiment aller à l'école et y participer. Les théories doivent être présentées clairement et visualisées à l'aide d'exemples pratiques.... À la fin de la leçon, il
devrait y avoir suffisamment de temps (10 min) pour que les étudiants puissent discuter du sujet, ce qui contribue au développement personnel, afin qu'il ne soit pas simplement mémorisé ...

Les élèves devraient mettre en pratique ce qu'ils ont appris un peu plus à la maison...

Ce qui a été appris doit être vérifié régulièrement afin d'amener un élève à réapprendre si nécessaire... cela nécessite un système d'évaluation des performances.

Le graphique suivant illustre un tel système d'évaluation, l'idée étant que la performance est évaluée en pourcentage (combien% est correct de ce que l'élève a écrit) afin de comparer (c'est-à-dire standardisé) et de l'attribuer partout (entre différentes écoles) en conséquence la note correspondante, sachant que seul l'auteur du contenu lui-même obtient 100%:

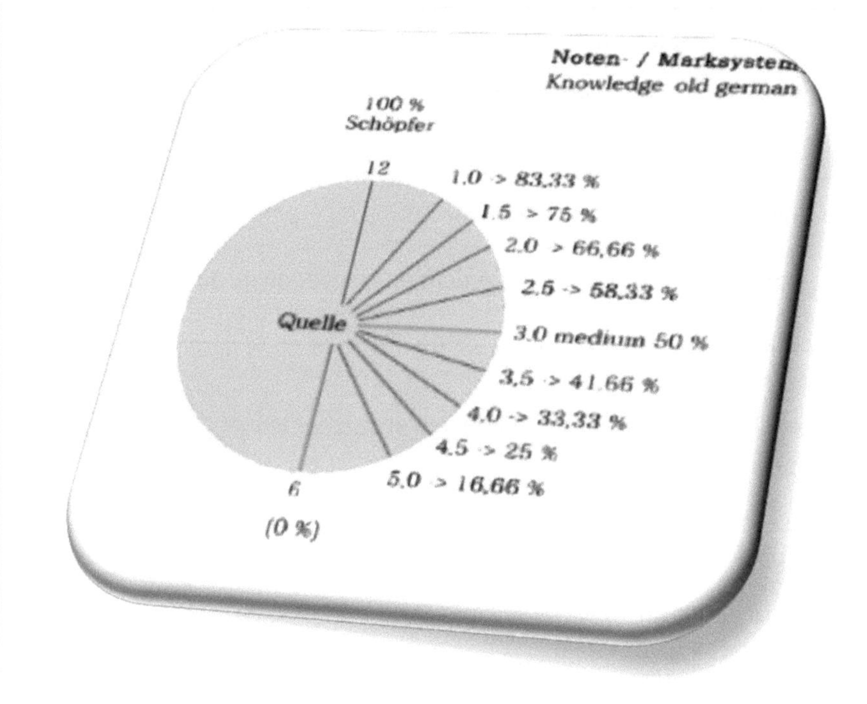

Exemple: Pour l'évaluation d'une vérification orthographique, vous devez éventuellement calculer le nombre de lettres d'un texte et combien d'entre elles ont été correctement orthographiées. Ce principe d'évaluation est plus compréhensible, notamment pour les étudiants étrangers….

Astuce: Si l'un des professeurs n'en aime pas un, vous devriez en chercher un nouveau….

Idée d'exercice: Puisqu'il y a plusieurs pays (par exemple la Chine et Israël) qui écrivent dans un sens différent que nous les Européens, l'enseignant devrait essayer cette orthographe avec les élèves :

Les gauchers pouvaient écrire de gauche à droite.

Les droitiers pouvaient écrire de droite à gauche.

(Cela peut aboutir à une combinaison correcte entre penser et agir ...)

<u>**Langue:**</u>

« Au sens général, le langage s'entend de tous les systèmes complexes la communication. Cela inclut les langues naturelles humaines ainsi que les langues construites, mais des systèmes de signes et des actions de communication existent également dans le règne animal, qui sont appelés langage, comme le langage de danse des abeilles. Parmi les langues naturelles humaines, une subdivision essentielle est celle entre la langue parlée et la langue des signes (y compris le langage corporel). La langue écrite est souvent une représentation d'une langue parlée (par exemple les polices de l'alphabet), mais peut aussi en être indépendante (logographie)... il existe environ 6000 langues dans le monde... actuellement les 50 langues les plus courantes sont utilisé par environ 80 % de l'humanité comme langue maternelle (et parlé par environ 90 % comme langue seconde). La discipline scientifique qui traite du langage humain en général est la linguistique.

La langue est une expression des gens pour communiquer avec les autres. La langue se compose de tons, de mots et de grammaire. La phonétique, la taille du vocabulaire, le choix des mots et la structure de la phrase sont déterminants. La police, la taille et la couleur disent aussi quelque chose. La langue orale peut être utilisée pour identifier le sexe, l'âge, l'origine de la personne, le niveau d'éducation et éventuellement aussi la profession. Une langue commune fait partie de la culture d'un peuple. Quiconque veut s'intégrer dans un peuple en tant qu'étranger doit apprendre la langue de ce peuple. Mais un touriste doit également être capable de parler la langue nationale (au moins l'anglais).

Vous trouverez divers programmes d'apprentissage des langues sur Internet.

S'il y a dialogue entre, il y a échange. Dans une discussion, un modérateur est souvent utile pour orienter la conversation...

Astuce : vous parlez à des inconnus de problèmes factuels, avec des amis de choses privées.

Les créatifs aiment "inventer" de nouveaux sons et mots, varier les phonèmes et les morphèmes, faire des conjonctions spéciales, de nouvelles corruptions ou changer la morphologie - par exemple en dessinant deux mamelons sur la lettre "B"...

<u>**De l'art:**</u>

« Le mot art au sens le plus large désigne toute activité développée qui s'appuie sur la connaissance, la pratique, la perception, l'imagination et l'intuition... depuis le siècle des Lumières, l'art est avant tout la forme d'expression des beaux-arts :

- Beaux-arts avec les genres classiques de la peinture et du graphisme, de la sculpture,
    de l'architecture, de l'artisanat, etc.
- Musique avec les principaux domaines de composition et d'interprétation en musique vocale et instrumentale
- Littérature avec les principaux genres d'écriture épique, dramatique, poétique et d'essai
- arts de la scène avec les branches principales théâtre, danse et cinéma

Ceux qui pratiquent l'art au sens étroit sont appelés artistes. » (Wikipédia)

L'art peut être pratiqué de différentes manières et de différentes manières et s'adresse aux personnes avec leurs sentiments (individuels) - il peut les renforcer mais aussi les affaiblir. La tolérance est la condition préalable à l'acceptation.

- Vous « aimez » surtout l'art qui a une influence positive sur vous-même.

- La diversité parle à de nombreuses personnes différentes (et c'est la richesse).

- L'art qui inspire de nombreuses personnes (les mêmes) est un phénomène de masse.

- Tout peut être représenté : le chaos et l'ordre, la réalité et la fiction.

- Plus l'art est de qualité, meilleur c'est.

- La géométrie parfaite (d'une sphère) a quelque chose d'harmonieux.

- L'art peut également être utilisé politiquement et économiquement, entre autres.

- L'art peut être une distraction ou une inspiration au travail.

Note: Les artistes qui réussissent doivent aider les jeunes talents (avec de l'argent) ...

<u>**Façonner:**</u>

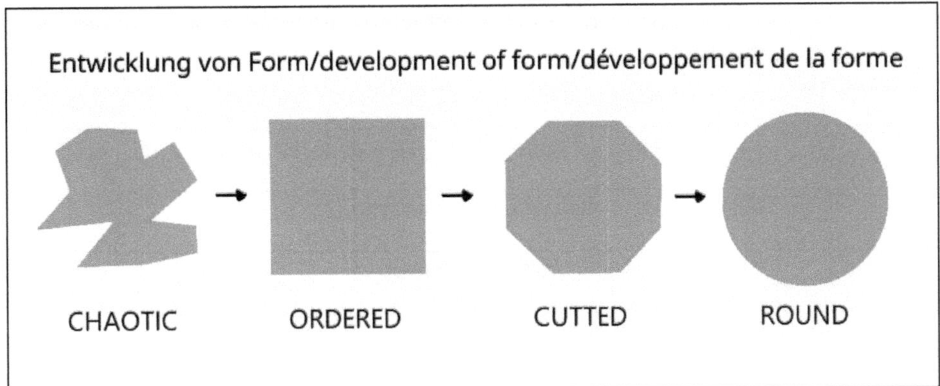

CHAOTIQUE: Asymétrique, inharmonieux, déséquilibré, instable

ORDONNÉ: Droit, symétrique, mais angulaire et non rond (inharmonieux)

COUPE: Comme des cubes, mais des coins moins durs (plus harmonieux) ...

ROND: Harmonieux, symétrique, stable - toujours équilibré (en équilibre), la même distance du centre au bord = forme parfaite dans la géométrie et donc l'orientation au centre du graphique suivant:

<u>**Couleurs:**</u>

La couleur est un terme qui est utilisé de manières très diverses dans la vie quotidienne, en science et en art » (Wikipédia). Les couleurs ont certaines significations en raison de leur lien avec les choses naturelles, mais aussi un arrière-plan mythologique* que ces couleurs ont d'un "point de vue européen":

blanc:	Etoile = lumière, énergie, vie (-> surtout au dessus*)
jaune:	Citron = aigre, vitalisant, rafraîchissant
vert:	Plantes = pousser, changer, façonner
jaune orange:	Mandarine = fruitée, sucrée, riche en vitamines
orange:	carotte, carotte = fibre, vitamine A (OEil)
rouge	Feu, rose, sang = chaud, romantique, liant (-> à droite *)
violet, rose:	Lilas (Papillons), Eros / Cupidon, Raisin, UV
bleu:	Eau, ciel = frais, rafraîchissant, gratuit (-> gauche*)
bleu foncé:	Mer profonde = mystérieuse, fluide, aspirante
noir:	Espace, grotte = sombre, rien, froid, mort (-> ci-dessous*)

On dit que la couleur blanche contient toutes les couleurs, mais il est raisonnable de supposer que la lumière blanche fait ressortir toutes les couleurs des choses.

Même si vous pouvez associer des couleurs aux choses et qu'elles ont certaines significations et contiennent certains sentiments, vous ne pouvez pas généraliser les goûts personnels, car ils sont liés à vos propres couleurs et préférences. La beauté est plus une question de forme que de couleur...

D'autres formes de vie voient parfois ces couleurs différemment. La coloration artificielle est ignorée ici car elle est basée sur l'arbitraire ; De plus, les couleurs artificielles peuvent vous rendre agité, les couleurs naturelles sont plus apaisantes (plus sûres). Si vous donnez aux choses la mauvaise couleur (par exemple des livres, des vidéos, des audios), c'est comme du maquillage ou des vêtements qui ne vous conviennent pas - la référence (« contexte ») est alors fausse. La couleur de la matière pour le bois, le métal, la pierre, le ciment ne doit pas non plus aliéner la conscience de la matière, sinon on vit dans un mensonge (mensonge)...

<u>Formes et couleurs :</u>

Le monde est plus riche quand il est plus diversifié et donc plus coloré - et non pas

monotone et donc pauvre - mais la prétention à la vérité et à l'ordre est là....

Si vous combinez la forme et la couleur, le graphique en coupe suivant est créé:

Si vous inclinez la partie supérieure du graphique jusqu'à l'équateur, vous

obtiendrez la carte de la Terre suivante:

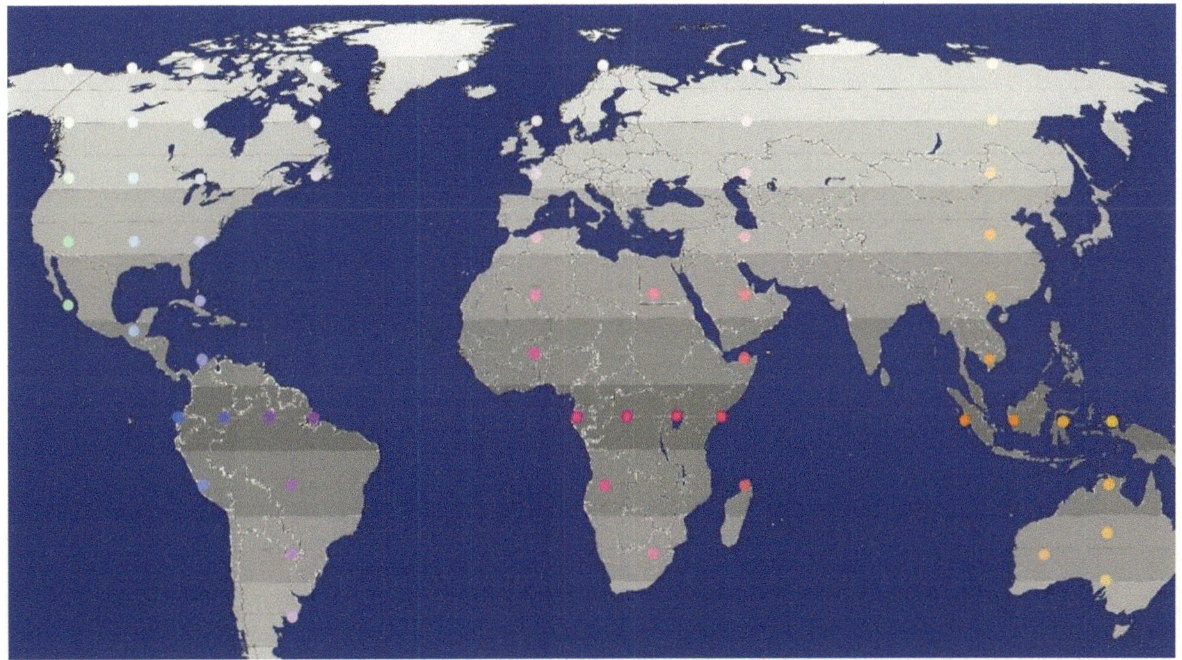

<u>**Identité:**</u>

Quelle est la différence de taille entre les individus ? **20 %**

https://en.wikipedia.org/wiki/Human_height

Lorsque des populations partagent un patrimoine génétique et des facteurs environnementaux communs, la taille moyenne est souvent caractéristique du groupe. Une variation de taille exceptionnelle (environ 20 % d'écart par rapport à la moyenne) au sein d'une telle population est parfois due au gigantisme ou au nanisme, deux pathologies causées par des gènes spécifiques ou des anomalies endocriniennes.

Plus précisément : Au sein d'un groupe, environ les deux tiers des individus se situent dans une fourchette de plus ou moins 5 cm autour des valeurs moyennes indiquées : environ 1,71 m ; +/- 2,92 % de différence de taille : 2/3 (66,66 %) de la population = 1,9466 % dans l'ensemble de la population.
Au sein du groupe, environ un tiers des individus se situent dans une fourchette de plus de 5 cm autour des valeurs moyennes indiquées: soit ≤ 1,66 m ou ≥ 1,76 m ; = 18,0534 % de différence de perception dans l'ensemble de la population.

Quelle est la différence de genre entre les individus ? **32,66 %**

https://de.wikipedia.org/wiki/Organ_(Biology)

On suppose ici que les femmes et les hommes ont été comparés pour la même taille, mais il est également possible qu'il existe une différence de taille d'environ 7 %, déjà prise en compte dans la section « taille » et qui ne sera donc pas prise en compte ici tant que des mesures internationales plus précises ne seront pas disponibles.

femmes:	partie du corps	hommes:	différence:
25–35%	muscles totaux	40–50 %	15 %
28 %	graisse corporelle	18 %	10 %
10 % (3,75 % hanche)	os	15% (7,62 % épaules)	5 %
20,45 %	organes	20,45 %	0 %
2,1 %	organes sexuels	0,56 %	2,66 %
			32,66 %

Quelle est la différence de visage entre les personnes ? **12 %**

Selon Google, la tête ne représente que 8,23 % du corps,
mais l'apparence du visage est essentielle à la reconnaissance et à la communication.

https://en.wikipedia.org/wiki/Face#:~:text=The%20front%20of%20the%20human,protected%20by%20eyelids%20and%20eyelashes

Par conséquent, le visage est le meilleur moyen de distinguer le caractère d'une personne : (côté gauche plus féminin n° 7) 7 % + (côté droit plus masculin n° 5) 5 %

Quelle est la différence de couleur entre les individus ? **35,34 %**

La différence théorique entre les couleurs peut être de 100 % (par exemple, blanc et noir) – valeur moyenne = 50 %.

Mais en réalité, elle doit être égale à la somme des autres données : (20 % + 32,66 % + 12 %) = 64,66 % – 35,34 %

RÉSULTAT DE L'ÉTUDE D'IDENTITÉ : 20 % TAILLE + 32,66 % SEXE + 12 % VISAGE + 35,34 % COULEURS

Racisme : Peut-on prononcer le « mot commençant par N » à un Africain ? Non. Selon notre étude d'identité, l'égalité entre les personnes selon la couleur de peau est de 35,34 %, tandis que le visage (personnage) compte pour 12 %, soit un maximum de 47,34 %. Il s'agit d'une minorité, ce qui signifie qu'il est mal de prononcer le « mot commençant par N ». Toute personne (blanche) qui prononce ce « mot commençant par N » pourrait être traitée de « blancheur » par l'Africain offensé en retour.

<u>**Musique:**</u>

« La musique est une forme d'art dont les œuvres consistent en des événements sonores organisés. Afin de les générer, le matériel acoustique, tel que les tonalités, les sons et les bruits, est classé dans la plage pouvant être entendue par les humains. " (Wiki)

« le de l'artavec ça estnon seulement que Composer, mais aussi chanter/jouer...

« Les gammes sont formées à partir du stock d'un système de tonalité. Leurs tonalités peuvent apparaître dans différents volume ou intensité (dynamique), couleur de tonalité, hauteur et durée de tonalité. Les mélodies naissent de l'enchaînement des tons et, si nécessaire, des pauses dans un laps de temps (rythme, mesure et tempo, éventuellement incrustés dans des mesures). L'harmonie de plusieurs tons (accords), chacun avec une hauteur différente, donne lieu à la polyphonie, et la relation entre les tons crée l'harmonie ». (Wiki)

« Entre autres choses, la musique peut aussi être considérée comme un système de signes. De cette façon, la musique peut communiquer les significations voulues dans une écoute active et compréhensive. L'audition représente un processus structurant dans lequel l'auditeur distingue les qualités des signes iconiques, indexiques et symboliques et les traite cognitivement. D'une part, cela est basé sur l'expérience originale des gens d'entendre et d'attribuer des événements sonores sous forme visuelle - par ex. B. Le tonnerre comme événement naturel menaçant - et de réfléchir émotionnellement, d'autre part, à l'appropriation esthétique de l'environnement acoustique. Cela va de la fonctionnalisation des structures sonores comme signaux à la transcendance symbolique d'œuvres entières » (Wiki).

Au-delà du canon des disciplines musicologiques, la musique fait l'objet de recherches, par exemple en mathématiques, en communication et en médecine.

Musique = communication et "information"

« La musique était souvent considérée comme une unité entre la danse, la culture et la langue ou comme une unité de poésie, de danse et d'art musical. Au tournant du 20e siècle, l'enregistrement sonore a rendu possible la reproduction technique de la musique et a énormément augmenté la présence et la disponibilité de la musique, notamment à travers les médias de masse, puis aussi à travers la révolution numérique et Internet. » (Wiki)

Il existe différents styles de musique:

« Musique de flûte, chant d'oiseaux, Musique folklorique, musique rituelle, cérémonies cultuelles, musique profane, musique instrumentale, musique traditionnelle africaine, musique chorale, musique romantique, musique de ballet, musique pour enfants, musique de film, musique légère, musique de danse et de salon, opérette et comédies musicales , musique jazz, musique pop, musique rock, heavy metal , Rap, reggae et tala, musique techno, industrielle, troisième flux, hardcore numérique, crossover et musique du monde.

Vous pouvez écouter de la musique gratuitement à la radio puis en acheter une copie sur Internet pour 1 € - la musique doit être payée pour que le musicien puisse vivre de ses revenus (ou payer ses frais). C'est important…

Pour bien entendre la musique, les chants et les bruits, vous devez Oreille en bonne santé (vérifiez auprès d'un spécialiste de l'oreille!) et que la technologie audio soit de bonne qualité (vous pouvez mesurer cela).

La musique dont le contenu correspond à la situation émotionnelle actuelle de l'auditeur respectif est particulièrement attrayante. L'alcool et les drogues peuvent intensifier la musique, mais aussi le psychisme. et des dommages à la santé physique en conséquence …

Vous pouvez entendre votre âme dans votre (propre) voix - si vous vous débrouillez bien dans la vie.

"Si vous voulez savoir qui vous êtes vous-même, alors écoutez-le…" ☺

La musique peut aussi être un médicament (pour l'âme).

La musique pourrait être envoyée dans l'espace, la question n'étant probablement pas si quelque chose revient, mais quand…

Annotation:

La musique est très importante pour l'humeur et l'âme, mais pas l'histoire principale. Au théâtre, les musiciens sont assis dans une fosse d'orchestre entre l'auditorium et la scène - cette structure est donc logique.

<u>**Émotions:**</u>

Tout le monde a des sentiments / émotions (individuels et culturels) et son action (qui doit être mathématiquement et techniquement correcte pour que cela fonctionne) est plus ou moins influencée par eux, ce qui est fondamentalement intègre, car ils conduisent à quelque chose de plus émotionnel (voir chapitre philosophie). Vous pouvez faire la différence entre les bonnes et les mauvaises émotions. La plupart du temps, les émotions positives conduisent à des émotions positives et négatives à d'autres négatives. Les sentiments doivent être vécus avec la juste force pour le bien de l'âme (par exemple, chanter, être joyeux ou pleurer) et non pas "se ronger" pour les exprimer, les développer, s'en débarrasser (par l'expression), ce qui est bon pour la voix (expression de l'Ame) est...

Ce qui suit est un graphique (utilisant l'approche de distribution normale gaussienne) qui est destiné à montrer l'influence et l'évolution des sentiments à l'heure actuelle:

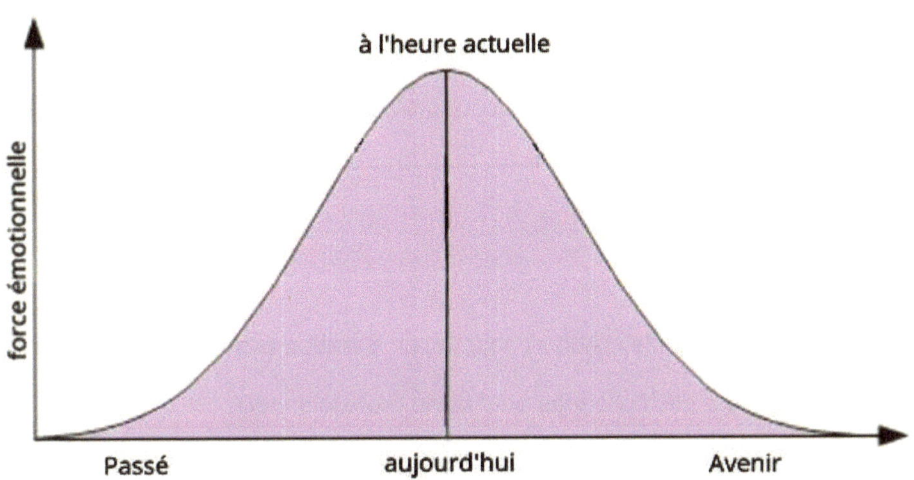

L'échelle de temps (axe des x) peut être très différente pour les personnes.

Remarque: L'âme peut aussi être constituée d'un couple (ex: femme + homme)... Si vous tombez amoureux de la voix de l'autre, vous aimez aussi son âme. (Vous pouvez avoir l'air différent, à moins que vous ne vous connaissiez que vous-même.)

<u>**Choix du partenaire:**</u>

La société est un peu égarée par les générations plus âgées qui ont grandi à une époque où il y avait une pénurie de biens matériels et où les femmes n'avaient pas les mêmes opportunités de revenus sur le marché du travail que les hommes. Pendant cette période, en raison de ces facteurs, il y a eu de nombreux partenariats et mariages dans lesquels les partenaires ne s'accordaient pas tout à fait, d'autres choses étaient plus importantes pendant cette période, comme la sécurité financière. En conclusion, on a toléré l'adultère pour le plaisir. Pendant ce temps, les revenus des femmes se sont quelque peu améliorés mais restent inférieurs à ceux des hommes en raison de la différence de performance. Par conséquent, il est logique de se réunir (et d'avoir un fonds commun) par exemple sous la forme d'une communauté de gains, où la femme donne à l'homme des sentiments (beauté et amour) comme équilibre. La plupart du temps, vous avez les mêmes sentiments avec des personnes similaires, ce qui vous rend plus fort, mais vous pouvez alors aimer quelque chose chez une personne différente que vous n'avez pas vous-même, mais dont vous avez besoin dans la vie. Vous pouvez reconnaître les sentiments de l'autre à sa voix (= âme). La sympathie l'un pour l'autre devrait être tout aussi forte (c'est-à-dire non unilatérale) et les deux devraient discuter au début s'il s'agit d'un lien ouvert / ferme.

Critères de correspondance:

- Éducation: Au même niveau (ex. Abitur) pour la conversation commune qui devrait avoir lieu sur la vie privée, il y a des collègues pour la vie professionnelle.
- Âge: différence +/- 3 ans en raison de l'année de naissance (sexe à partir de 60 ans: concubine)
- Taille: les hommes en Allemagne mesurent en moyenne 13 cm de plus (8%), il s'emboîte alors avec les hanches
- Forme: les similitudes vont de pair: épaisse et épaisse ou fine et fine
- Couleur: mêmes couleurs ou couleurs différentes?

   a.) Mêmes couleurs, s'il ne s'agit que de reproduction par les enfants, puisqu'ils ont besoin d'une orientation optique (appartenant) aux parents.

   b.) Différentes couleurs, si les partenaires veulent réaliser une compensation de couleur: Vous vous équilibrez en couleur et êtes plus compétent...

-> Cela signifie que vous avez plusieurs partenaires différents dans la vie.

<u>**Sexe:**</u>

Le sexe est une condition préalable à la reproduction et à la survie de la plupart des êtres vivants, c'est sain pour le corps et c'est amusant pour les gens. Les changements initiaux de partenaire peuvent conduire à l'objectif de trouver le bon partenaire - "également" attrayant -, que vous pourriez ensuite garder (par désir). Les partenaires sexuels doivent être d'accord mentalement, physiquement en forme dans la structure et la forme (morphologie) (une comparaison des mains aide à cette différence d'environ 12 % est normal) et émotionnellement en forme (il faut également faire attention à la voix de l'autre personne, qui reflète les sentiments - peut-être qu'elle devrait avoir l'air sexy). Les couples peu drôles et inadaptés sont générale ment insatisfaits, désorientés et grognons, une interaction psychosomatique. La position pendant les rapports sexuels joue également un rôle. Si cela fonctionne (principalement avec les hommes), la femme obtient également un «orgasme» (pas d'airs et de grâces à cause d'un plus gentil), ce qui affecte l'affection pour l'homme. Chez l'homme, c'est évidemment par une éjaculation, chez la femme par un relâchement et un ton vocal, ce qui pourrait être lié au fait que le sentiment lui dit "avoir trouvé le bon", ce qui est lié à la mécanique de la femme anatomie faire que vers le 14ème jour du cycle l'ovule glisse le long de la trompe de Fallope jusqu'au milieu pour se mélanger au sperme d'un bébé. L'horloge interne et la tension artérielle de la femme sont également correctes. La femme est alors douce, contente et plus calme. De plus, les androgènes (chez l'homme) ou les œstrogènes (chez la femme) sont alors "influencés", ce qui signifie que de nouveaux spermatozoïdes sont produits chez l'homme (avec pour effet secon-daire le dopage musculaire) et chez la femme la production de lait (pour le bébé) est stimulée - qui rend les seins un peu plus rebondis et plus beaux après un certain temps. Les deux semblent alors plus attrayants après un certain temps. Il n'y a pas lieu d'en avoir honte - la vie des personnes qui ont trouvé le bon partenaire peut être prolongée de plusieurs années (surtout pour les hommes). L'emplacement, l'environnement (et l'éclairage) peuvent également affecter considérablement le comportement d'accouplement, les stimulants tels que la nourriture et les boissons (y compris comme aphrodisiaques), les vêtements et certains «jouets» sont utiles. Il faut trouver le juste milieu entre le plaisir et l'ascèse (approche bouddhiste) dans le sexe...

Statistiques: Dans le sud, le sexe tous les 3 jours (comme dans le sport) s'est avéré être de bonne humeur, mais dans le nord au moins une fois par semaine pour maintenir l'état actuel.

Pour une jeune femme, l'argent est 50% de la raison du mariage, pour un homme c'est plutôt la sécurité

d'avoir une belle partenaire et de rester en bonne santé, pour cela il donnera :

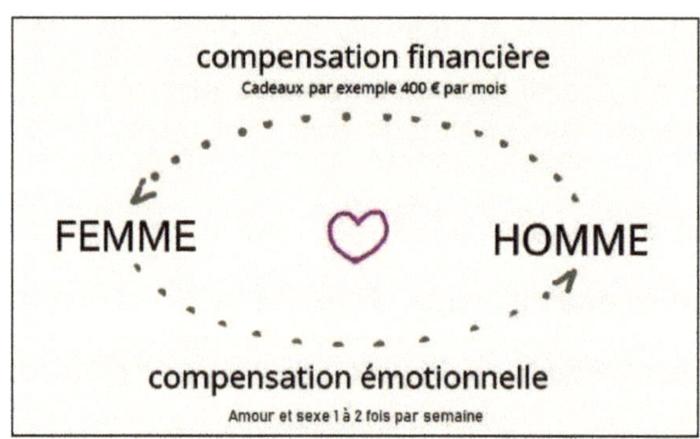

Les cadeaux de 400 € par mois sont beaucoup pour des femmes qui gagnent peu ; elle obtiendra plus dans la vie : un abonnement à une salle de sport, de meilleurs cosmétiques, une meilleure nutrition, des vêtements et des chaussures ; Il a plus de testostérone pour booster ses muscles et peut dire qu'il a des relations sexuelles pour se détendre après le travail.

P.S. Le sexe privé n'est pas vraiment l'affaire du public, tant qu'il ne se déroule pas là-bas : les fouineurs et les voyeurs n'ont pas leur place dans la vie amoureuse des autres. Cependant, il existe également des lieux pour les personnes extraverties, comme les clubs échangistes, pour se « présenter ». Les hommes devraient se comporter comme des gentlemen envers les femmes lorsqu'il s'agit de sexe – et ne pas trop en dire aux autres hommes, car cela pourrait mettre les femmes mal à l'aise à cause de leur « image » (à cause de la honte liée à leur anatomie, mais aussi à cause des points de vue et des paroles de l'Église, des parents et parfois de la société). Les personnes qui perçoivent le sexe comme « sale » (y compris les incidents impurs impliquant de la salive, de l'urine, des excréments, du sang et de la saleté) ont une compréhension anormale du sexe : elles le qualifient souvent de « truc de porc », mais confondent émotionnellement leur propre surconsommation de porc (en particulier de saucisse et de jambon) avec lui (parce que les hormones qu'il contient peuvent rendre une personne plus motivée sexuellement). Certaines perversions ont renforcé ce sentiment. Bien que le sexe oral et anal soit sujet à critique, les hommes gays (qui font souvent un excellent travail) et les lesbiennes (qui en ont assez des hommes) n'ont pas d'autre moyen d'avoir des relations sexuelles avec leurs partenaires. Les somniophiles, les pédophiles, les nécrophiles, les zoophiles et les amateurs d'inceste sont « malades » et devraient (doivent) consulter un psychologue ou, plus probablement, un psychiatre...

Double contraception: préservatifs to protect the maladies (mortelles) (VIH -> SIDA) and sterilize the cuivre to protect the child in cases of rupture of the préservatif...

<u>**sois béni:**</u>

La santé est la base de l'être et doit toujours passer en premier.une longue vie en bonne santé semble être la plus bénéfique. L'âge que vous obtenez dépend non seulement de votre propre génétique, mais aussi de "l'épigénétique" (y compris votre propre comportement et celui de votre partenaire) - donc le sujet "Prends soin de ta santé« Sont enseignés à l'école par l'information et l'éducation: Oxygène (Air), Boire et manger (Nutrition), Bouge toi (15 min. de marche par jour ou 1-2 sports par semaine), travail doux, plus relaxant dormir dans une pièce fermée au calme avec O^2 dans un bon lit chaud (sommier à lattes plaque, matelas mousse froide (~25cm), housse anti-acariens), Éviter les dangers (P.32), bon et sûr Environnement de vie (Maison dans la nature dans un état constitutionnel), Journées ensoleillées et pluvieuses (climat), bon Position assise sur une chaise solide, confortable et suffisamment grande (à cause du dos et des hanches), médecins à proximité ainsi que l'hygiène, les soins et Drogue, correspondant fidèle Partenaire de vie pour les sentiments, sexe et les enfants (p.21-23), les itinéraires de transport vers/depuis Magasins d'approvisionnement, pratique Robe , Attitude de la Poids idéal (IMC + 10 %), car le surpoids entraîne du stress et des dommages et l'insuffisance pondérale représente la faiblesse et l'insécurité. Biens de consommation nocifs (Alcool, cigarettes, drogues, trop de gras et de viande) éviter de.aditionellement Sauna (1 x par mois) pour nettoyer le derme (l'organe cutané), 1 x par semaine (individuel) Comprimé multivitaminé prendre pour soutenir l'apport de vitamines et de nutriments, ainsi que des examens et des tests de santé réguliers. Pour les sentiments et çaBonne âme vous pouvez faire quelque chose avec votre partenaire, avec des amis, dans un club/association/groupe/communauté, avec un animal et avec les médias (musique, films, jeux). L'un est très important équilibre avoir entre la gauche et la droite (grâce à l'apprentissage de la double pensée) qui se pratique en mouvement (bouddhiste) et a un effet positif sur le corps (par exemple, faire des exercices symétriques (d'équilibre) tels que la nage du sein ou du dos qui est doux pour les articulations (en le lac ou la piscine) Il faut de l'argent pour pouvoir tout payer (le travail dépend encore une fois de votre santé).

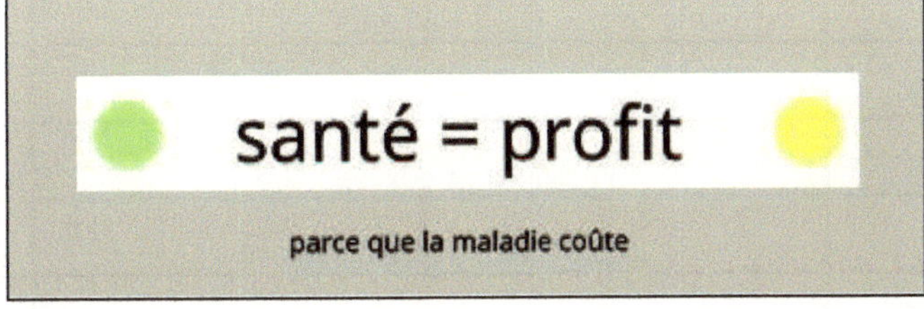

<u>**Nutrition:**</u>

L'alimentation et les boissons sont essentielles à la santé, aux émotions (spirituelles) et aux performances physiques. Manger trop peu entraîne la faiblesse, tandis que trop manger conduit à l'obésité et à ses inconvénients. Grâce au calculateur d'IMC, vous pouvez déterminer votre poids idéal en tenant compte de votre âge, de votre taille, de votre poids et de votre sexe. Si vous souhaitez une réserve supplémentaire (pour l'hiver, les périodes difficiles ou la maladie), vous pouvez ajouter 10 %. En principe, on pourrait survivre (en prison) « avec de l'eau (pure) et du pain (frais) » et quelques vitamines. L'être humain étant composé à 80 % d'eau, il est conseillé de boire **2 à 3 litres d'eau** par jour pour « nettoyer » son corps. Les principaux composants de l'alimentation sont **les protéines, les glucides et les lipides** (pour les enfants, dans du lait stérile et sain). L'être humain a également besoin de **fibres** (salade), **d'herbes** (thé), **d'oligo-éléments** (iode), de **vitamines** (jus de fruits), **de minéraux** (par exemple, dans le sel) et **d'épices** (dans certains pays, pour lutter contre les parasites). Votre médecin de famille peut utiliser une analyse sanguine pour déterminer les composants manquants ou en excès dans votre organisme. Un simple programme de nutrition sur votre ordinateur personnel, dans lequel vous pouvez saisir des informations individuelles, est idéal…

« La viande : vous êtes ce que vous mangez » : les animaux que vous mangez actuellement sont-ils votre âme ? (Ils influencent quelque peu votre comportement.) Vos dents peuvent vous aider à déterminer la quantité de viande que vous devriez consommer par rapport à d'autres créatures (herbivores et carnivores), en particulier leurs plus proches parents, les singes. La plupart des singes sont herbivores, mais il existe aussi des carnivores (comme les babouins), reconnaissables à leurs dents acérées qui déchirent la chair. Pour l'homme, avec quatre canines acérées sur 32, cela représente 1/8 d'un régime carné :

<u>**Plan nutritionnel hebdomadaire:**</u>

Petit-déjeuner:	Salade mixte Déjeuner:	Dîner:
Gruau, pomme, miel	Bucatini à la sauce tomate (ail)	Pain au fromage + tomate
Toast avec confiture, noix	Soupe de légumes au poulet	Brezel + beurre
Yaourt aux fruits	Pizza Margarita	Baguette au fromage 2
Gruau, pomme, miel	Farfalle au saumon 100g (vin blanc)	Pain au fromage + tomate
Toast avec confiture, noix	Tortellini farcis aux légumes	Brezel + beurre
Yaourt aux fruits	Tagliatelles aux champignons	Baguette au fromage 2
Gruau, pomme, miel	200g Rôti de bœuf, pommes de terre au four	Pain au fromage + tomate

• Bœuf vapeur de haute qualité (120 à 200 g) pour les muscles « rouges », la vitamine B12 (qui peut être stockée dans l'organisme) et pour lutter contre l'anémie. Une consommation excessive de bœuf peut entraîner un cancer du côlon chez les personnes en bonne santé. Évitez le porc (saucisse et jambon), car l'acide arachidonique provoque des inflammations et des rhumatismes. Privilégiez plutôt un demi-poulet rôti et du poisson (saumon, truite) pour alimenter les membranes cellulaires en acides gras oméga-3.

• Salade composée de tomates (vitamines, stimule le péristaltisme intestinal)

• Glucides pour l'énergie – comme les pâtes (13 % de protéines pour les muscles), le riz (pour une énergie durable) ou les pommes de terre (pour la force)…

• Les méduses et autres créatures contiennent des substances chimiques (acides) dont la consommation peut provoquer le cancer. Beaucoup de personnes l'ignorent lorsqu'elles consomment des charognards (comme les crabes). Les stériliser simplement par cuisson n'a que peu d'effet. Les composants nocifs sont partiellement réactivés lors d'autres processus chimiques lors de la consommation et provoquent des ulcères cutanés. Ne consommez pas de charognards !

Préparation :

Lorsque vous préparez un aliment, essayez de le cuire (en le chauffant à l'état humide : stérilisation à la vapeur) pour éliminer les germes, bactéries, vers, etc. qui pourraient être présents dans les aliments crus. Rôtir est dangereux, car les aliments brûlés peuvent provoquer le cancer. Il est préférable de « cuire » les aliments au four (en les chauffant pendant des heures à sec : stérilisation à l'air chaud) :

- Les streptocoques pathogènes, la listéria et les poliovirus sont tués à 61,5 °C en 30 minutes.

- La plupart des bactéries végétatives, levures, moisissures et tous les virus, à l'exception de l'hépatite B, sont tués à 80 °C en 30 minutes.

- Les virus de l'hépatite B et la plupart des spores fongiques sont tués à 100 °C en 5 à 30 minutes (certains même plus).

- Les prions (des parents mortels de nos protéines – voir ESB) sont tués à 132 °C en 60 minutes.

En éliminant ces agents pathogènes par stérilisation, vous protégez votre vie (de la mort)…

Savourez votre nourriture : Il est important de bien mastiquer les aliments afin qu'ils soient bien décomposés et qu'ils facilitent leur absorption dans l'estomac et les intestins. Les organes digestifs contribuent à cela.

Nettoyez-vous la bouche après avoir mangé : dentifrice, brosse à dents et bain de bouche. Une mauvaise haleine est souvent le signe d'un aliment malsain ou avarié…

Hygiène : Un aspect important de l'hygiène est de faire la vaisselle et de jeter les restes de nourriture (à la poubelle), car leur odeur attire souvent les nuisibles. Les toilettes doivent également être propres et avoir un abattant suffisamment grand, ce qui rend la vidange beaucoup plus agréable…

<u>Des sports:</u>

Le sport semble très épuisant au début, comme le « poussée », mais il est très important pour votre santé. Le mouvement anatomique favorise la circulation sanguine et stimule le corps à se muscler ; les articulations sont également "lubrifiées". Vous obtenez également une belle forme et devenez plus attrayant. Le mouvement est signe de vie. On peut visualiser son carburant (équilibre) et son âme (sentiments) à travers le mouvement, les représenter pratiquement et démontrer l'unité entre l'esprit, l'âme et le corps et peut-être recevoir les éloges des autres pour ce qui affecte l'esprit - une confirmation que cela a été fait correctement cela crée la sécurité et peut-être le respect. L'action dans le sport doit être logique pour atteindre le but, mais la mise en œuvre dans le mouvement doit se faire avec feeling, c'est-à-dire dynamique (approprié), glissant, rond et harmonieux....

L'exercice et le sport sont particulièrement importants pour les adolescents, car ils façonnent considérablement leur forme ultérieure, mais également importants pour l'âge moyen afin d'avoir la force, l'endurance et la vitesse nécessaires pour faire face à la vie, mais aussi pour que les personnes âgées restent en forme. le "travail" compte depuis longtemps....

1 x semaine le sport sert à maintenir la performance, plus à l'augmenter....

Vous devez développer vos muscles par le sport afin de pouvoir déplacer votre propre poids de manière optimale, moins d'incapacité à agir, plus d'exagération avec des inconvénients correspondants dans d'autres domaines (vitesse). Par conséquent, entraînez-vous essentiellement avec votre propre poids, ce qui est parfait pour tout le monde - la surpression sur les articulations et le cartilage (par les poids) doit être évitée.

Toute personne faisant du sport stimule le corps à s'adapter à l'activité. Ce que vous y faites dépend de vos préférences, mais tout le corps doit toujours être entraîné en synchronisme latéral et les zones (vitesse, force et endurance) équilibrées. "Pas de prix sans sueur" - le mouvement enlève beaucoup de votre corps si vous n'allez pas au sauna. Le mouvement fait probablement "briller" la ferrite dans le sang. Pour se construire, le corps a besoin de substances appropriées (en mangeant et en buvant). L'exercice est le meilleur "brûleur de graisse" car la graisse est un poids superflu et entraîne une augmentation du stress sur le corps (articulations, cœur), même si une petite réserve est une sécurité (pour l'hiver). Excès,

Les blessures, le dopage et le surmenage doivent être évités. Le magnésium et les bains chauds aident à soulager les muscles endoloris. En cas de blessures, vous devez d'abord refroidir avec un gel et appliquer une pommade chauffante au bout de 3 jours pour favoriser la circulation sanguine. Les bandes de maintien sont également souvent utiles pour le soutien. Dans le sport, le bon équipement, en particulier les chaussures, est très important pour le résultat et la réussite. Les sports d'équipe favorisent l'idéal du jeu d'équipe. La méditation peut conduire à l'intériorisation du mouvement associé au sport. On pourrait également utiliser un programme de formation informatisé avec une connexion anonyme à une grande base de données sur Internet et une interface avec un programme de santé et de nutrition. Le médecin pourrait également prélever un petit échantillon de viande sur le corps pour vérifier la consistance du tissu...

Graphiques pour le sauna:

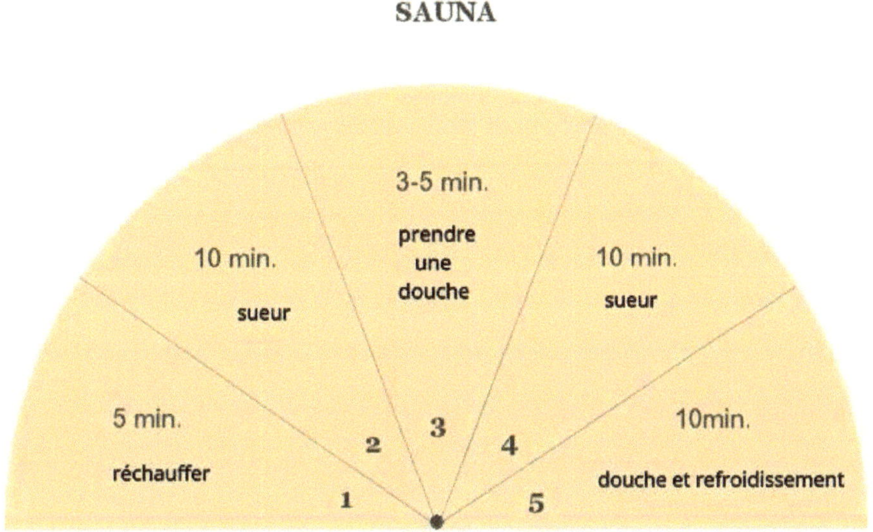

<u>Médicament:</u>

La médecine est une composante importante de la santé et traite les maladies après coup. Mais aussi la prévention des maladies (prophylaxie) doit être une composante dans la société (quasi par précaution (voir chapitre santé)) à travers l'éducation...

Les médicaments étaient disponibles dans la plupart des pays de tous les continents. En Europe la médecine blanche, chez les Indiens l'homme médecine, chez les Asiatiques par exemple la médecine chinoise et chez les Arabes la médecine très tôt (cf. le livre « Le Médicis »). Les religions ont souvent entravé la médecine dans le passé, mais la science a changé cela. La technologie (informatique) moderne peut désormais être utilisée en médecine et Internet permet un échange mondial de connaissances médicales. Les enquêtes empiriques, les statistiques et les avertissements, en particulier des instituts bien connus (tels que l'Institut Robert Koch), sont importants pour la médecine. Bien que ceux-ci soient actuellement toujours très importants, les gens ne vivent souvent pas non plus en meilleure santé, ce qui est un problème d'éducation, le travail du gouvernement est - "Comment vais-je avoir 100 ans" pourrait être le nom de la nouvelle matière scolaire. Un petit diplôme de médecine (2 ans) serait bien (pour les théologiens mineurs).

En médecine, il est important de fournir au patient le traitement parfait: Premièrement, le patient est enregistré par le médecin en tant qu'individu avec toutes les caractéristiques personnelles et les données (cryptées dans un "cloud" ou sur un "stick") sont rendues à la disposition d'un confrère médical ; s'il ne se sent pas bien, vous pouvez connaître exactement la ou les causes et éventuellement diagnostiquer une maladie. Ensuite, on décide s'il faut le traiter avec des médicaments (ici aussi, on choisit le médicament (éventuellement dans une pharmacie internationale) qui convient le mieux et qui s'adresse le mieux à « le » patient à une dose appropriée sur une période de temps) ou à travers un personne vient (médecin spécialiste qui est apte et formé pour cela) ou. Le tout est payant - les cotisations à l'assurance maladie pourraient être réduites grâce à la prévention. Même s'il semble regrettable que les grandes entreprises (pharmaceutiques) aient tendance à être orientées vers le profit, on peut garder à l'esprit que des coûts élevés de recherche et développement doivent être à nouveau amortis. Les dons de ces entreprises aux facultés de médecine seraient « sympas »...

Hôpital (et rééducation): La conception de la chambre doit « aider » psychosomatiquement - en utilisant un matériau naturel (bois, pierre) avec une couche protectrice transparente (par exemple la laque) pour une stérilisation ultérieure. L'air frais, la literie, les vêtements et la douche sont tous bons.

<u>**Constatations et questions médicales « ouvertes »:**</u>

- Le médecin doit vivre la théorie dans sa propre pratique (par exemple, avoir l'air en bonne

- santé lui-même). Différences entre les maladies génétiques et sociétales (culturelles) ...

- Le mot "anticorps" semble être un terme erroné (comparer avec matière - antimatière). Existe-t-il de meilleurs

- programmes informatiques pour les données des patients? Toutes les valeurs de laboratoire sont-elles standardisées?

- Nouvelles analyses et données ADN -> individuel Médicaments, sang et greffes. Une

- pharmacie internationale (européenne) serait un trésor / un gain de ressources.

- Est-il possible de prolonger la vie avec ses propres hormones préservées (« cold-put »)?

- Chirurgie: Seules les personnes aux mains fines devraient être autorisées à y travailler...

- Les femmes ne devraient pas se faire opérer les seins alors qu'elles en ont besoin pour allaiter. Le cancer est

- Le cancer est souvent causé par des parois cellulaires endommagées en raison d'une consommation inappropriée

- Neurologie: Qu'est-ce qui peut vous "agacer"...? (Par exemple, une dent cassée peut être la raison) :-D

- Maladie mentale par l'audition (en criant, en hurlant, en interférant (radio portable)) -> voix ...

- Maladies psychosomatiques : ex. tension due à de fausses « valeurs » (attitude).

- F00 * Alzheimer (démence) : oubli psychosomatique <- thérapie : biographie à la retraite.

- F01 Binswanger (infarctus) : (cholestérine + graisse) couper la source + solvant (grenade).

- F02* Parkinson : Le traitement logique le plus simple est la lévodopa (L-dopa), mais le plus intelligent pourrait être une transfusion sanguine du fils pour rafraîchir le matériel génétique.

- F02 * Creuzfeldt-J.: Comment les prions appliquent leur structure à nos protéines pour le clonage...?

- F20 Schizophrénie : Discutez et clarifiez les passés controversés de la biographie.

- F30-F40 Les troubles affectifs proviennent de la consommation de viande (rose/rouge) + chaleur.

- F60-F69: Troubles de la personnalité/du développement : Motifs de changement (domicile parental, environnement)... « Comment

- G35 un virus conduit à davantage de cellules NK dans vos lymphocytes détruisant la myéline -> Sclérose en plaques

- un problème vestibulaire (dans le canal semi-circulaire, les organes maculaires) entraîne-t-il des « vertiges »...?

- Les joueurs ont souvent un « Cavuum Vergae » - comme les petits enfants... sont-ils laissés pour compte ? Une

- analyse antivirus complète fournit des informations sur les causes possibles de nombreuses maladies ...

- Recherche approfondie (biologie, stratégie, etc.) des 9000 virusfamille -> prévention & médication.

- CMV (dans le sperme) a déjà été trouvé dans le tissu cancéreux de la prostate -> concubine.

- L'alcool fonctionne très bien pour la désinfection des germes après avoir mangé/fait l'amour/sorti...

- Une thérapie germinale régulière (tous les 3 à 5 ans) avec des antibiotiques (par exemple la pénicilline) n'a-t-elle pas de sens?

- Certains patients ont des parasites (en particulier des vacances à l'étranger) comme cause de la maladie.

- La population devrait "régulièrement" (?) Manger de la choucroute crue contre les ténias...

- La marijuana/chanvre peut être utilisée comme poison contre les parasites (et leurs maladies).

- S'il y a des dommages aux os, au cartilage, aux articulations et aux ligaments -> réduisez (sur) le poids.

- Implants + corps étrangers sont des facteurs perturbateurs pour l'intuition/le ressenti, les sens!

- Les prothèses et semelles de chaussures orthopédiques sont souvent fermes et ne s'adaptent pas à l'évolution de la forme en mouvement -> accidents ! Solution: caoutchouc dur avec rembourrage.

- Les coquins maltraitent souvent les personnes dans la zone de guérison (par exemple, un massage sans

- sensibilité). Antioxydant ("versus. H2O") pour ralentir la chimie. Réaction (avec e_) comme protection cellulaire (mieux. Vérifiez la carence en sélénium) ou assurez-vous simplement que l'eau potable est très bonne ...? Les

- cernes sous les yeux indiquent un empoisonnement (provenant de la nourriture) et des dommages aux organes.

- Les maladies causées par une intoxication ou un manque de nutriments peuvent être éliminées par une cure (3 mois). Les

- vitamines sont en prophylaxie des maladies (et contre les « anneaux »), pourquoi ne pas payer la caisse enregistreuse?

- Les vitamines synthétiques sont-elles aussi efficaces que naturelles (avec des composants mineurs)?

- Les carences en vitamines peuvent entraîner des maladies - Pourquoi ne pas faire des examens réguliers?

Vous devez prendre régulièrement 1 à 2 comprimés de multivitamines / semaine,

Vitamines + acides gras (essentiels) + iode + lait:

A1	Rétinol	S	vue, croissance cellulaire, peau
B1	Thiamine	N	Métabolisme des glucides N, fonction thyroïdienne, nerfs
B2	Riboflavine	N	contre les migraines - favorise la mémoire et la concentration
B3	niacine	N	récupération de Graisses, protéines et glucides, peau + ongles
B5	Acide pantothénique	N	cicatrisation, réaction de défense
B6	Pyridoxine	N	Protection nerveuse, métabolisme des protéines
B7	Biotine	N	Protection contre l'inflammation de la peau, bonne pour la peau, les cheveux et les ongles
B9	Acide folique	N	bon pour la peau
B12	Cobalamine	S	forme et régénère les globules rouges, l'appétit, les nerfs
C.	Acide ascorbique	N	Protection contre les infections, piégeurs de radicaux, pour le tissu conjonctif
D3	Cholécalciférol	S	photo protection contre le cancer de la peau, taux de calcium
E.	Tocophérol	S	Renouvellement des cellules S, inflammation, système immunitaire, piégeurs de
F.	Acides gras oméga	S	Membrane des cellules S, peau, équilibre hydrique, cœur + vaisseaux, etc.
K	Phylloquinone	N	Formation de facteurs de coagulation sanguine, synthèse d'ostéocalcine
JE.	Iode / iot	S	production d'hormones thyroïdiennes (contre la formation de goitres)
"M"	lait	?	cellulaire, contre l'ostéoporose, l'hypertension artérielle, la crise cardiaque

S = vitamine / substance / élément est stocké dans le corps, N = n'est pas stocké.

Source :
Wikipédia

<u>**Dangers:**</u>

"Tu ne vis qu'une fois", alors tu es mort pour toujours. Par conséquent, chacun devrait essayer de vivre le plus longtemps possible en évitant les dangers suivants :

- Blessures (physiques, mentales, émotionnelles) par vous-même ou par d'autres

- les maladies (crises cardiaques, accidents vasculaires cérébraux, cancer, etc.)

- Risques biologiques (bactéries, virus, etc.)

- biens de consommation (alcool, drogues, cigarettes, viande + graisses, sucre)

- Aliments avariés (voir date de péremption + origine)

- Pauvreté (pas d'argent pour le logement, la nourriture, les médicaments, les vêtements)

- Accidents : Dans la circulation (vélo, moto, voiture, camion, bateau, train, avion, hélicoptère) et sportive (escalade, combat, football, équitation, etc.)

- Autres personnes (violence, guerres, meurtres, lésions corporelles, vol, vol qualifié, viol, enlèvement, abus, autres crimes)

- Mauvais système politique (dictature ou communisme), mauvaises lois et injustices, violation des droits de l'homme, religions dangereuses

- Propres erreurs (infractions pénales, ignorance, actes répréhensibles, dettes)

- Animaux dangereux (grands félins, hyènes, loups, ours, buffles, crocodiles, poissons (requins), serpents, araignées, scorpions, etc.)

- Piqûres d'insectes (moustiques, tiques) et parasites

- Plantes vénéneuses (pruche, aconit, morelle mortelle, ricin)

- Catastrophes naturelles (tremblements de terre, tsunamis, tornades, ouragans, orages, inondations, éruptions volcaniques, les feux).

- Zones à risques : déserts (mourir de soif), mer (noyer), montagnes (tomber), glace (mort gelée), volcan (brûler), espace (suffoquer), ciel (tomber)

- Radioactivité (rayonnement des centrales nucléaires et rayons X)

- Produits chimiques (brûlures) + vapeurs (lésions pulmonaires)

- explosions (gaz, essence, produits chimiques)

- Espace (corps célestes, trous noirs, supernovas, implosions)

- Des extraterrestres hostiles (ils mourraient probablement de la variole ou de quelque chose sur Terre).

<u>De l'alcool:</u>

L'alcool est un mélange / produit de distillation et de fermentation en relation avec une autre substance (par exemple, raisins, herbes, malt) qui donne le goût.

En ce qui concerne l'alcool, cela dépend toujours de la quantité que l'homme (m) ou la femme (f) boit du mélange qui contient un certain nombre d'alcools pour mille. La différence entre les sexes est importante car les femmes pèsent moins et leur bilan hydrique est différent de celui des hommes. Les femmes tolèrent beaucoup moins...

L'alcool peut avoir des effets positifs en quantité limitée: Vous devenez plus sociable, ouvert, détendu, bavard et pouvez mieux dormir la nuit - l'alcool est parfois aussi bon pour l'estomac (tue les bactéries, etc.) à certains repas :

1 (f) - 2 (m) alcool. A boire (ex. Prosecco) en apéritif (tradition romane)

1 (f) - 2 (m) verres de vin blanc avec poisson, homard et homard (viande blanche)

1 (f) - 2 (m) verres de vin rouge avec filet de boeuf ou steak (viande rouge)

1/3 litre (f) - 2/3 litre (m) de bière avec rôti de porc, saucisses blanches et bretzels

1 (f) - 2 (m) liqueur aux herbes (par exemple Averna) en digestif après le repas de pâtes italiennes

Vous pouvez également discuter avec votre médecin de la quantité d'alcool que vous pouvez personnellement tolérer et des dommages causés par l'alcool dans le corps (par ex. Foie - cure à l'artichaut. La cirrhose du foie est cependant mortelle sans greffe).

Plus d'alcool peut entraîner une perte de contrôle, vous commencez à babiller, vous embrassez des étrangers, vous sentez l'alcool, marchez en rond, babillez sur les gens, ne pouvez plus vous retenir de secrets, êtes «joué» par des races expérimentées et êtes dans un état élevé -état d'esprit, dans lequel malheureusement beaucoup conduisent encore une <u>voiture et certains se conduisent morts</u>. Dans un pays où la consommation d'alcool fait partie de la culture, cela arrive assez souvent. Pour éviter cela, vous devriez certainement avoir organisé un voyage de retour à l'avance ou même ne pas aller dans un pub / bar.

<u>**Cigarettes:**</u>

La consommation de cigarettes commence généralement par la première cigarette (d'un ami) <u>qui</u> <u>crée immédiatement une</u> dépendance (via la nicotine et les additifs), ce qui est sous-estimé par la plupart. Une cigarette en soi n'a pas d'importance, mais si vous en devenez accro et que vous continuez à en prendre une, tout s'accumulera avec le temps: pendant de nombreuses années, vous fumerez 100 000 cigarettes, vous aurez une mauvaise peau, des problèmes respiratoires et pulmonaires, peut-être à un moment mêmeCancer du poumon. Fumer le papier est également nocif, certains utilisent donc un « vaporisateur ».

En attendant, les médecins distinguent (+10) différents types de cancer du poumon et il existe diverses nouvelles méthodes de guérison (génétiques) pour cela dans des cliniques (universitaires) réputées, qui sont également payées par certaines compagnies d'assurance maladie.

Mais l'argent est sérieux quand on considère le coût des cigarettes sur 20-30 Années additionné et sur +30 000 € vient - pour cela vous auriez pu acheter une voiture (de la classe moyenne) par exemple - il faut aussi mentionner que l'État prélève des taxes sur chaque paquet de cigarettes fini et aussi sur chaque cigarette finie (un total de + 70 % du prix frais). Ensuite, il est moins cher de se farcir : avec des tubes dans un méga-pack d'Internet, du tabac frais dans un sac emballé et fermé et une machine à farcir).

Afin de se débarrasser de la consommation de cigarettes (addiction), vous avez besoin d'une très forte volonté. Il existe des livres de soutien, des séminaires, des thérapies (et une ligne téléphonique d'État), mais si vous n'avez plus envie d'en fumer, oubliez d'arrêter de fumer.
Ne commencez même pas fumez!

Qu'est-ce qui est bon pour fumer?

Beaucoup d'oxygène dans la maison (grâce aux plantes, à l'air frais de l'extérieur), sauna, yoga, marche / jogging, vitamine C (fruits, légumes), éventuellement acupuncture, patchs à la nicotine ou comprimés de blocage des récepteurs (sur ordonnance). N'y a-t-il pas un remède que vous mettez dans le tabac pendant plus d'un an et qui vous empêche de fumer ?

<u>**Drogues:**</u>

Les drogues sont très différentes (comme les drogues), elles peuvent difficilement se résumer en un mot. Les personnes qui ne connaissent pas (personnellement) les drogues ne savent pas (émotionnellement) de quoi elles parlent - elles en ont seulement entendu parler - on pourrait alors aussi dire que les substances suivantes sont des drogues : dopamine, héroïne, cocaïne, amphétamine, caféine , Nicotine, saccharine. Certains disent que les drogues vous font perdre le contact avec la réalité en vous mettant dans un état (émotionnel) différent/meilleur pendant un certain temps. Mais seulement tant que l'effet dure, alors vous vous sentez plus mal et vous voulez revenir à l'état "mieux" précédent en reprenant des drogues (etc.).

Mes expériences personnelles avec les drogues sont :

- C'est amusant de fumer de la "weed" avec les étudiants et de parler d'étudier...
- Avec l'aide de "dope & shit" tu peux vraiment "talk shit"...
- Avec la cocaïne vous êtes "clair", l'endurance est grande et vous vous sentez "divin"...
- "A vitesse" le cycle commence à s'emballer et tout se fait rapidement...
- La MDMA est géniale sous les étoiles - cela devrait être (légal) la nuit de noces.
- Le LSD provoque des visions irréelles de visages et d'objets (sur la musique) ...
- L'héroïne provoque un immense « twist » émotionnel et coloré (sur la musique).

De nombreuses drogues sont illégales (ici), mais vous avez également droit à une certaine quantité pour votre propre usage - vous pouvez dire pour « la détente au travail ». Le montant est réglementé différemment dans chaque État fédéral. Il est très regrettable que la consommation personnelle de médicaments ne puisse pas être achetée en pharmacie (comme au Canada), mais qu'ils soient échangés sur le marché noir, où il y a toujours des mélanges nocifs qui rendent malade, même si le médecin appelle des médicaments " médicament « Peut prescrire contre certaines maladies. Les Indios d'Amérique du Sud mangent pendant la journée une feuille de coca cultivée naturellement (« bractée ») pour stimuler et revitaliser, ce que les personnes grasses feraient bien de bouger davantage. C'est peut-être pour cette raison que vous devriez créer la possibilité de l'acheter légalement en pharmacie (pour 1 euro) chaque jour.

Néanmoins, je ne consommerais plus jamais de drogues (dures), car cela signifierait que ma vie «normale» (études, travail, revenus, petite amie et famille) ne serait plus «centrée» sur le Row a" – Je ne peux même plus fumer un joint en privé.

Politique:

La politique était autrefois basée sur les rois, les empereurs, les tsars et les dirigeants et représentait une monarchie dont seuls les dirigeants bénéficiaient réellement et le peuple se sentait mal. Plus tard, la république a été proclamée, la monarchie est devenue constitutionnelle, mais les dictateurs et le fascisme ont suivi jusqu'à ce qu'un véritable système démocratique émerge après sa chute - <u>avec plusieurs partis basés</u> sur une <u>constitution</u> est basé. Le principe sous-jacent est de satisfaire les sentiments de la majorité, qui généralement gagne aussi (par exemple une guerre). Cela a été suivi par la discussion sur la distribution de l'argent : les communistes voulaient que tout le monde ait la même somme d'argent et les capitalistes voulaient que seuls les gens qui réussissent aient de l'argent. Les deux principes existent toujours. Une solution provisoire est l'économie sociale de marché libre dans laquelle les monopoles sont interdits et les salariés assurés. Chaque peuple a la possibilité d'élire de (nouveaux) représentants au gouvernement toutes les quelques années, qui change encore et encore afin de créer un équilibre par l'équilibrage. Ces représentants sont généralement très bien versés dans leur <u>esprit, peuvent très bien parler et négocier</u> (également avec des pays étrangers). La liberté d'expression et la liberté de la presse (conformément à la constitution) devraient garantir <u>qu'on ne ment pas aux gens ou que l'information est censurée</u> (comme autrefois). Parce que les politiques savent si bien négocier, la diplomatie est garantie, ce qui évite les guerres en situation de crise, ce qui est important!

Mon idée est d'améliorer encore cette démocratie – vers une « démocratie optimisée » dans laquelle le vote de chaque électeur est pondéré par un « score » personnel. Peut-être pourriez-vous commencer par attribuer des scores aux politiciens (et montre le score).

Mais comment juger chaque électeur ? « Une star de la musique peut entendre à quel point le vote (l'âme de l'électeur) compte… » Le QI de l'électeur est tout aussi important: 1,2 fois avec un QI de 120. De même, opinion de la santé (= ~ espérance de vie par rapport à votre propre groupe d'âge et à votre sexe). La formule suivante:

Score total = 1/3 âme (= voix) + 1/3 esprit (= QI) + 1/3 corps (= ~espérance de vie)

L'évaluation de la voix, de l'esprit et du corps doit être effectuée par un institut (sonore) neutre. Les électeurs devraient avoir la possibilité d'améliorer leur score.

Il y a des risques (classement, sortie) avec cette idée, il faut d'abord la tester localement.

Par souci d'équité, les personnes handicapées devraient toujours obtenir une note moyenne.

<u>**Droit:**</u>

Les lois sont élaborées par les représentants du peuple, le système étant basé sur une loi fondamentale (constitution). Après tout, "toutes les personnes (d'un point de vue juridique) doivent être traitées de la même manière" (être traitées), même si le tribunal examine un cas individuel - malheureusement, ces opinions sont parfois naïves, les avocats coûteux (des célébrités) y parviennent généralement un meilleur résultat, les juges ont déjà décidé à l'avance qu'ils travaillaient pour l'État. Cela signifie que les jugements sont généralement influencés par les sentiments nationaux. Parfois, certains hommes politiques manquent d'intégrité : le mensonge, l'hypocrisie et la corruption sont tolérés au profit du pays, ce qui a un effet néfaste sur le comportement de la population et de la culture. Il semble également que les députés aient un « oiseau » dans leur parlement. En droit (pénal), les mathématiques doivent servir de ligne directrice car elles sont universelles, c'est-à-dire qu'elles sont correctes sur chaque planète / en tout lieu. Cela signifie, par exemple, que si quelqu'un a commis un crime pendant 5 minutes, il ne devrait recevoir qu'une punition de 5 minutes (dans la même mesure) afin qu'il y ait une équation de temps. Théoriquement, on fait toujours à l'agresseur la même chose qu'il a fait lui-même : « Quitt pro quo », même s'il faut tenir compte du fait que la victime (qui aurait le droit de faire cela) est une personne différente et ne peut pas faire de même. chose elle-même – la question intermédiaire est : « Qui est qui ? » et comment est-ce « Net » ? Il incombe donc au juge (et aux agents correctionnels) de créer une parabole, ce qui n'est actuellement (transcendantalement) pas le cas - même une peine trop lourde est un crime et doit être punie (dans la même mesure mathématique). Il est bien sûr bien que les avocats soient qualifiés dans le domaine. Le pouvoir judiciaire est là pour garantir que tous les profanes (inaptes) ne jouent pas le rôle de juge et de bourreau. Un juge doit prendre une décision neutre et doit être en mesure d'évaluer la peine en fonction de son expérience personnelle (en tant que détenu). Peut-être qu'un jury pourrait également être nommé. Une autre idée est que l'auteur peut choisir lui-même une sanction, qui dépend également du délit (amende relative pour les délits financiers, sanction immédiate pour les dommages momentanés, longue peine de prison pour les dommages à long terme). Je tiens également à souligner que le terme « avocat » semble illogique lorsqu'il s'agit d'un avocat de gauche…

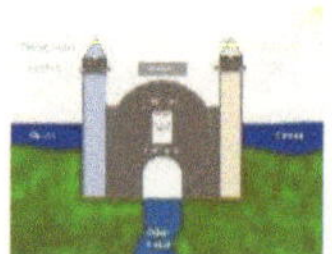

<u>**"Les failles"**</u>

Note: Le corpus juridique (allemand) n'est pas complet: « Les gens ont exploité sans vergogne les failles » (Chancelière A. Merkel aux élections de 2018) - échappatoires & suggestions d'amélioration:

- Dans le cas des pénalités et délais de prescription, le calcul doit être correct (1 = 1)!

- Quiconque enfreint la Loi fondamentale commet une infraction pénale (ce devrait être le § 1).

- Les lois de l'État ne doivent pas violer le droit international (ONU).

- En cas d'infraction pénale, la compétence du tribunal du lieu de l'infraction s'applique toujours.

- Interrompre les discours perturbe la concentration des gens et conduit à des erreurs.

- Les mensonges ne sont pas honnêtes et donc une insulte à l'honneur (cf. 10 commandements).

- Les femmes (~ qui mentent souvent) devraient être vérifiées pour leur aptitude à l'enseignement juridique.

- Les tromperies (tromperie de la réalité) sont trompeuses et transfigurent l'esprit.

- Le harcèlement pourrait être puni tant que le contrevenant l'a fait.

- Le noircissement, la dissimulation, la trahison et la tromperie sont de mauvais actes.

- Les intrigues sont des machinations intellectuelles qui nuisent aux autres.

- L'oppression et le déplacement sont une ingérence dans le processus honnête.

- Les tours sont des machinations techniques qui peuvent nuire aux autres.

- La merde (en poussant, des cailloux dans la chaussure) fausse les résultats.

- Les provocations doivent être classées, interdites et réprimandées (en tant qu'infraction administrative).

- La demande d'une femme pour un préservatif pendant les rapports sexuels devrait être le droit de sa femme.

- La motivation à commettre des crimes par le biais de rapports sexuels pourrait être qualifiée d'incitation.

- L'infidélité doit être punie par l'infidélité (la possibilité doit exister légalement).

- Les œufs de coucou et le vol des femmes détruisent la lignée / la dynastie d'une famille.

- La sorcellerie (avec sexe) devrait être punie (par un exorciste de l'Église).

- Abus sexuel (d'enfants) de trop sexe Psych. Les perturbations (F: 52, 64, 66) qui causent des victimes sur une long période de

    temps devraient également être indemnisées pour une longue période correspondante (1 = 1).

- Affecter les infractions causées par une consommation excessive de viande... (cf. CIM10, chapitre 5 F30-39).

- Il est mal d'être autorisé à commettre des crimes autres que des « marionnettes » (avec la dictature).

- Une affaire pénale n'est compréhensible que si l'acte correspond à l'auteur... (clarification !)

- Causer des lésions corporelles et la mort par désinformation (médicale).

- Si un cas s'est produit à cause d'une erreur, l'auteur doit aller à la maison de fous.

- Si un cas se produit en raison d'un handicap, l'auteur doit se rendre dans un foyer pour personnes handicapées.

- Se venger est mal, exiger la vengeance est bien (doit être pris en compte).

- Si la tentative de meurtre échouait, l'auteur pourrait être marqué d'un « M ».

- Un meurtrier devrait avoir une photo du cadavre dans sa chambre pour le reste de sa vie...

Selon le principe de légalité, la police, les douanes, le ministère public et les enquêteurs fiscaux sont tenus d'enquêter s'ils ont connaissance d'une infraction pénale (à l'étranger).

La violence:

"La violence (du vieux haut allemand waltan" être fort, contrôler") fait référence à des actions, des processus et des contextes sociaux dans lesquels ou par lesquels des personnes, des animaux ou des objets sont influencés, modifiés ou endommagés. Il s'agit de la capacité d'effectuer une action qui affecte le noyau interne ou essentiel d'une matière ou d'une structure. Au sens étroit, elle est souvent comprise comme un exercice (illégitime) de coercition. La volonté de la personne sur laquelle s'exerce la violence est méconnue ou brisée (force anglaise, latin vis ou violentia). Au sens sociologique, la violence est source de pouvoir (pas d'impuissance). » (Wikipédia)

Certains peuvent considérer la violence comme un faux moyen de survie, sauf pour la chasse ou la légitime défense.

La « violence » au sens d'autorité se retrouve dans des termes tels que l'autorité ou l'administration de l'État.

le Séparation des pouvoirs est un principe organisationnel et fonctionnel fondamental de la

Constitution d'un Etat de droit. Cela signifie qu'une seule et même institution en principe

Pas peuvent exercer diverses fonctions de violence qui sont attribuées à différents domaines de souveraineté de la violence d'État. Mais cela signifie aussi qu'une même personne ne peut appartenir à des institutions différentes. Sur la base du modèle historique, une distinction est faite entre les trois pouvoirs :

- Législation (<u>branche législative</u>)
- Jurisprudence (<u>Judiciaire</u>)
- force exécutive (<u>exécutif</u>)

La répartition du pouvoir de l'État sur plusieurs organes de l'État sert à limiter le pouvoir <u>et à garantir la liberté et l'égalité</u>. " (Cité de Wikipedia, entre autres)

Le droit civil et le droit pénal reposent sur l'interdiction générale de la violence. Les seules exceptions sont les situations de légitime défense et d'urgence (contre la violence et la torture, pour arrestation (y compris §127 StPO), pour viol (= pénétration avec force), pour assistance, en droit interne) ainsi que les cas de coercition directe par agents de la force publique) État. L'usage de la violence dans l'éducation est interdit en Allemagne. » (Wikipédia)

Si la violence doit être utilisée, elle doit être proportionnée. (s'entraîner)

PS Une alimentation plus végétarienne entraîne une diminution des actes de violence dans l'affect...

Le graphique suivant est un diagramme de la façon dont le processus pour devenir riche est structuré:

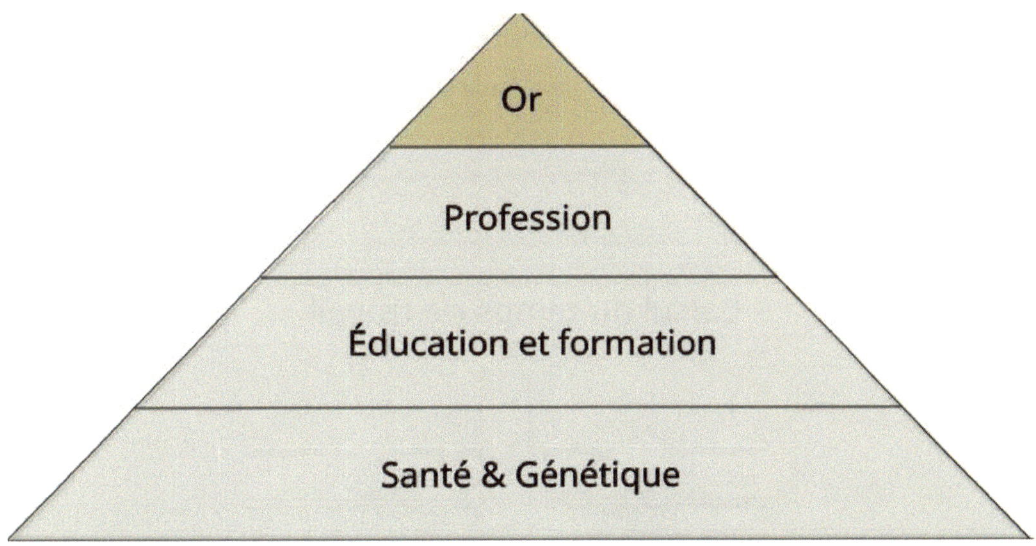

Le processus est le développement d'une personne de valeur ("capital humain") de bas en haut "de bas en haut", où tout doit d'abord être en ordre en termes de santé (voir chapitre santé), puis d'école et de formation (voir chapitre école), puis l'Exercice du métier savant au travail (voir chapitre travail), qui conduit alors à la richesse... que l'on peut ensuite utiliser en conséquence (voir chapitre argent).... il ne faut donc pas se concentrer sur l'or au préalable...

Chacun est créateur de son bonheur par son activité (en quantité et en qualité)

<u>**Emploi:**</u>

« En physique, le travail est l'énergie qui est transférée mécaniquement d'un corps à un autre en ce sens qu'une force agit sur lui le long d'un chemin. L'unité de mesure est le joules ou le newton mètres » (Wikipédia). En conséquence, à première vue, seul le travail physique serait un vrai travail, mais l'énergie circule aussi lors du travail intellectuel, mais ce n'est pas évident pour tout le monde...

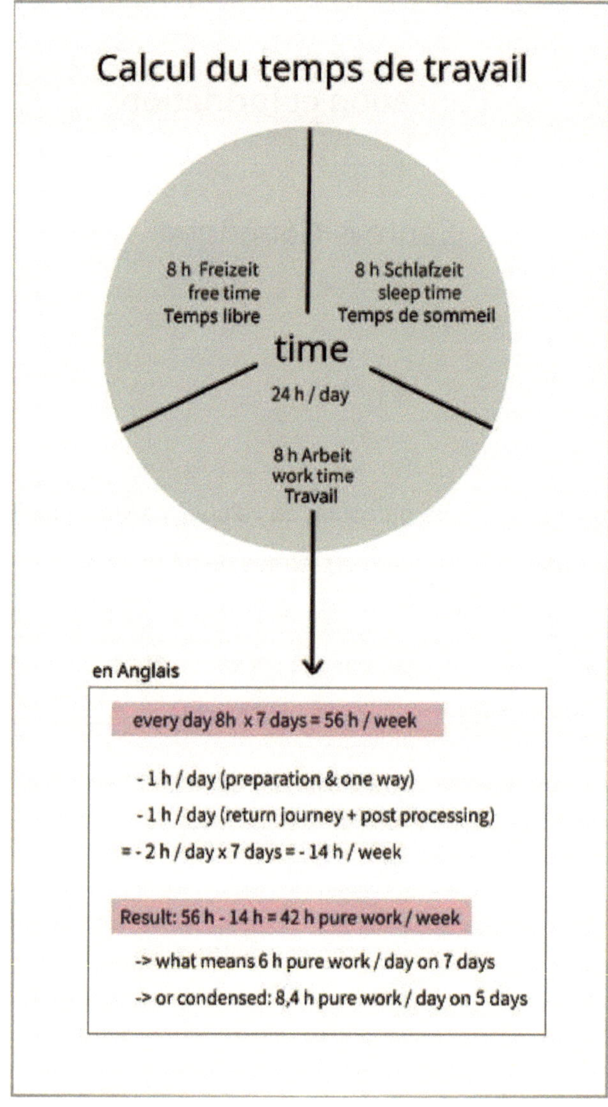

"Le travail est la moitié de la vie" n'est pas vrai, car vous vivez aussi quand vous dormez...

La personne est cruciale pour le rôle professionnel dans la vie. La profession doit correspondre à la génétique ("test") pour que l'on puisse très bien la pratiquer. On devrait avoir des sentiments positifs au travail comme motivation. Vous pouvez rechercher un modèle dont vous aimez le travail. Selon « Maslow », la réalisation de soi est au sommet de la hiérarchie des besoins ; cela est possible grâce à un travail adapté.

Pour exercer un métier professionnel, vous avez d'abord besoin d'un apprentissage qui permet de faire quelque chose dans lequel vous pouvez obtenir une qualification professionnelle. Après la formation, il est logique de travailler dans la pratique. Avec les qualifications appropriées dans un domaine, vous pouvez exiger de l'argent des autres pour votre travail, ce qui est un gagne-pain - cela renforce la personnalité et l'estime de soi. C'est important si le travail est payé en conséquence pour que l'on puisse se nourrir, l'art sans travail n'apporte rien du tout financièrement. Le travail non rémunéré est récompensé par la sympathie des autres, mais vous pouvez également être déçu par le processus. Il est important que chacun reçoive exactement l'argent pour son travail qui en vaut la peine,

Comment évaluer financièrement le travail? Selon les qualifications, le statut, l'expérience, les groupes professionnels, la performance au travail, la responsabilité, les années de service, les réalisations économiques ou à parts égales à tous et qui jugera que ...?

Lorsque vous travaillez, vous devez vous concentrer sur le travail, pas sur l'argent. Il vaut mieux se concentrer sur une chose que sur plusieurs à la fois. Un travail axé sur les objectifs est important pour accomplir le travail dans les plus brefs délais. Si vous faites le travail avec soin, vous avez la conscience tranquille.

La satisfaction de quelque chose accompli est bonne. 100% de performance n'est possible que si vous vous sentez en pleine forme - c'est pourquoi le travail est basé sur la santé, qui passe toujours en premier. Une vie privée « saine » (voir chapitre Santé) favorise énormément le travail. Il devrait être un devoir pour les entreprises de maintenir la santé des travailleurs sur le long terme avec des équipements appropriés (par exemple, genouillères, soutien du dos) afin que la performance des travailleurs soit de 100% sur une longue période (environ 50 ans). Les travailleurs en bonne santé rapportent plus à long terme que les travailleurs usés et endommagés - en tant qu'entrepreneur, on peut souvent se demander où "le bât blesse" pour qu'un travailleur élimine le problème, ce qui conduit à un profit. Il allège également le fardeau Provision également pour l'ensemble du système sanitaire et financier, puisqu'il y aura alors moins de personnes âgées malades; en plus, on montre sa philanthropie.

Pour le travail, vous avez souvent besoin de vêtements appropriés tous les jours qui ne devraient pas être sales et usés. Si les vêtements se salissent tous les jours au travail, il vous faut une garde-robe séparée pour chaque jour, c'est-à-dire plusieurs « uniformes » identiques, que vous lavez ensuite tous ensemble en fin de semaine.

Si les vêtements sont déchirés et troués, vous pouvez les raccommoder immédiatement le soir même ou les remplacer (laissez le patron) par des pièces d'identité.

Les frais de vestiaire et de nettoyage (ici un forfait de 110 €) peuvent être soit déclarés indépendamment comme charges liées aux revenus dans la déclaration fiscale, soit ils sont à la charge de l'employeur (qui peut être assuré en conséquence), pour autant qu'ils sont requis par la loi pour la sécurité.

« L'addiction au travail décrit le tableau clinique d'une personne qui dépend de l'exercice d'un travail au sens médical pour son bien-être (supposé), sa santé et sa satisfaction apparentes ou son succès apparent et... dépendance matérielle "dans laquelle se développe une attitude obsessionnelle envers la performance et le travail, avec toutes les conséquences médicales et psychologiques et les maladies secondaires connues d'autres troubles addictifs. Les toxicomanes au travail vivent plus ou moins exclusivement pour leur travail. L'accent est mis principalement sur la qualité et la quantité, mais pas sur le sens ou le but du travail à effectuer, et une attitude perfectionniste est mise en œuvre. » (Wikipédia)

Le travail des enfants est interdit (voir droits de l'homme) car les enfants grandissent et le travail physique peut nuire à leur santé.

Un revenu de base inconditionnel ne devrait être disponible que pour les personnes incapables de travailler. Il serait souhaitable d'avoir un système d'information qui montre quel travail est nécessaire à quel endroit - les contributions pourraient être faites par les citoyens. Au final, le travail est toujours plus constructif que la guerre...

Le lieu de résidence est-il proche du lieu de travail -> économisez des coûts (de transfert) et du temps !

<u>**Artisanat:**</u>

"Les artisans se regroupaient en soi-disant guildes, guildes ou charbonnages, qui représentaient un corps constitué d'artisans. « L'expression latine pour ces associations était collège. » La marque d'identification externe était des armoiries, des symboles et des vêtements de guilde. « Les guildes contrôlaient le nombre d'artisans et de compagnons dans les villes et fixaient leurs règles par écrit dans des règlements de guilde officiellement approuvés. De cette manière, les règles des métiers respectifs ont été élaborées et contrôlées, par exemple les règles de formation, les horaires de travail, la qualité des produits et les prix. Cela garantissait qu'il n'y avait pas trop de concurrence au sein d'une ville. À l'intérieur, les guildes avaient le droit de s'administrer elles-mêmes, de sorte que les maîtres réglaient leurs questions d'argent de manière indépendante, élisaient leurs chefs ("anciens", Les vieux maîtres et les jeunes maîtres) eux-mêmes, dans certains cas, détenaient également la trésorerie du compagnon, pouvaient imposer des amendes et percevoir des amendes, et disposaient ainsi de certains pouvoirs de police commerciale. En plus de leur fonction économique, les guildes accomplissaient également des tâches religieuses, sociales, culturelles et militaires. En cas de maladie grave ou de décès, les familles maîtresses recevaient le soutien de l'arche de bureau. "" Les guildes possédaient le travail, le

ils avaient le privilège d'avoir un monopole ». Avec la fin des corporations au XIXe siècle à la suite de l'industrialisation et de l'introduction de la liberté du commerce, cela a été suivi par la déprivatisation et la suppression de la formation professionnelle des corporations, puisque l'organisation de la formation professionnelle était désormais réglementée par le Etat. De nos jours, les successeurs des guildes sont des guildes d'artisans. « L'adhésion à une guilde allemande est volontaire ; en revanche, l'adhésion à la Chambre des Métiers est obligatoire pour les artisans ». Le registre de l'artisanat est un répertoire dans lequel doivent être inscrits les propriétaires d'entreprises soumises à autorisation d'exercer les métiers et les travaux manuels qu'ils doivent exercer. Le registre de l'artisanat est tenu par les chambres des métiers.

Pour maîtriser magistralement un métier, vous avez besoin d'un apprentissage (dans lequel vous apprenez le métier auprès d'un maître), ainsi que d'un ensemble d'expériences au temps du compagnon, après quoi vous pouvez passer l'examen de maîtrise. Avec l'obtention de l'examen de maître artisan, vous pouvez devenir indépendant et ouvrir une entreprise.

<u>Métiers typiques</u>: menuisier, vitrier, serrurier, peintre, forgeron, tailleur, cordonnier, mécanicien, boulanger, boucher, jardinier, agriculteur, tisserand, portier, sculpteur, tailleur de pierre, pêcheur, meunier, soyeux, technicien, opticien, acousticien, Ramoneur, Isolateur, vernisseur, confiseur, coiffeur, boucher

<u>Outils et matériel</u>: Dans le métier, vous avez besoin du savoir-faire quel outil + matériel vous utilisez comment, dans quel but. L'outil lui-même présente des différences de qualité en termes de performances et de convivialité qui en résultent. Le manche + la taille de l'outil est également très important car c'est là que la force s'exerce sur l'outil. Le manche est le point focal et doit avoir une texture relativement douce (caoutchouc souple, liège) afin de pouvoir exercer le plus de pression possible de la main sur l'outil. Les bons outils sont plus chers que les moins chers. Il existe des outils spéciaux pour chaque domaine d'application (tels que des forets à bois, à fer ou à béton), auxquels vous devez absolument faire attention, car ce n'est qu'à travers eux que le travail manuel peut être effectué correctement et correctement, sinon des erreurs se produiront, Accidents et destruction éventuelle de l'outil. Lors de l'utilisation de machines, le choix de la machine pour le domaine d'application spécifique doit être pris en compte. Il y a une différence entre utiliser une perceuse ou un marteau perforateur pour percer un trou, selon le matériau à usiner. D'autres facteurs jouent un rôle dans les machines : performances, taille, facilité d'utilisation, applicabilité, flexibilité, options de réglage, alimentation en énergie (électricité, batterie, carburant), description, disponibilité, stockage, maintenance, pièces de rechange, service et prix d'achat. Lors de l'achat d'outils, vous pouvez rechercher des labels ou des normes standardisées. Si vous n'avez besoin que d'outils spéciaux pour une courte période, vous pouvez les emprunter. Si vous avez besoin de l'outil de temps en temps, vous devriez l'acheter.

Aussi avec les consommables (vis, clous) vous devez faire attention à l'usage pour lequel il est utilisé (par exemple: clous en bois ou en acier) ...

Mesure du jeu de mots:

Plus quelque chose est petit, moins il a en général de poids et plus il est important... (cf. avec le mot Wicht) et souvent moins sa Meuse est importante. Plus quelque chose est gros, plus il a en général de poids, moins il est important (cf. avec le mot Wicht) - mais plus souvent sa Maas est importante. La mesure est utilisée pour évaluer l'importance d'une chose : les grandes choses ont de grandes dimensions. Les petites choses ont de petites dimensions. Cependant, on commence souvent par de petites choses importantes, qui grandissent ensuite grâce à l'éducation et aux soins et deviennent plus grandes et plus importantes au fil du temps ... parce que quelque chose de grand et d'important naît de quelque chose de petit et d'important, le "petit" est parfois particulièrement important. . .

L'éthique et l'artisanat sont intéressants:

(On pourrait faire une étude des artisans en déterminer le QI)

L'artisan doit en fait juste faire son travail tranquillement (pour au moins 20€/heure net)

Pension pour artisans: En tant qu'indépendants, les artisans n'ont souvent pas de prévoyance vieillesse sous forme de pension, c'est pourquoi de nombreux artisans essaient d'acheter un bien immobilier et de construire eux-mêmes une maison à moindre coût afin de pouvoir en louer plus tard une partie et vivre de l'autre partie des revenus locatifs...

Idée: Un centre de commutation pour la prise de rendez-vous pour les artisans locaux...

Architecture:

L'architecture des maisons diffère d'un pays à l'autre. Les maisons allemandes sont différentes des maisons italiennes ou espagnoles, par exemple. Les maisons américaines typiques sont pour la plupart en bois. Les maisons japonaises ou chinoises, en revanche, sont différentes. Le Feng-Shui y est utilisé.

C'est agréable quand la culture coutumière peut être vue dans la construction de maisons et vous pouvez également reconnaître un peu l'individualité des résidents. C'est désagréable quand toutes les maisons se ressemblent en raison de la rationalisation. Puisque l'homme est un individu, il aimerait aussi avoir sa propre maison individuelle et pas le même salon que tout le monde, comme une colonie d'insectes. Cela a souvent été fait dans les grandes villes en particulier (immeubles à appartements). Les petites communautés accordent plus d'attention à leur paysage urbain... De nombreuses petites maisons à travers le monde sont dans l'ensemble plus à l'abri de la force majeure que quelques grandes maisons, mais parfois vous souhaitez centraliser quelque chose. Lorsqu'il est centralisé par un bâtiment censé représenter une hiérarchie, je vois un cône circulaire droit comme l'un des meilleurs bâtiments. Gratte-ciel, comme la Tour de Babel sont déjà tombées. Les immeubles très plats sont les plus sûrs, mais ils coûtent beaucoup de terrain et ne représentent rien: ils ne sont pas bien vus de loin...

Une base de données de maisons locales serait utile pour la planification : avec l'année de construction, le plan de construction, le matériau de construction, le site de construction, le style de construction, les coûts de construction, les rénovations, la durée de vie utile.... Si vous disposez de statistiques sur la durée de vie des maisons dans une certaine zone avant qu'elles ne soient à nouveau démolies, vous sauriez à l'avance combien de temps la maison fonctionnera et quel matériau sera ensuite utilisé dans la construction ...

Les conditions environnementales locales doivent être prises en compte lors de la construction des bâtiments. Des matériaux et une technologie respectueux de l'environnement doivent être utilisés dans toutes les maisons modernes. La chose la plus importante lors de la construction d'une maison est l'emplacement de la propriété, la taille et l'architecture de la maison et les coûts associés ...

Un marché avec des matériaux recyclés bon marché provenant de vieux bâtiments serait également intéressant.

<u>**De l'argent:**</u>

L'argent est "le moyen d'une fin" pour financer l'existence et certaines joies de la vie, mais pas le centre de la vie, puisque l'être humain (le vivant) est le centre et non l'argent. Il ne faut pas confondre la joie de vivre en achetant quelque chose de beau avec de l'argent, avec la joie d'être en bonne santé et en vie, qui est à la base de tout, mais pour laquelle il faut aussi de l'argent... L'argent peut rendre heureux car il améliore la les conditions de vie extérieures beaucoup pour l'obtenir pour sa performance (au travail) (en Allemagne ~ 3000 € brut par mois pour les hommes) est satisfaisante et vous pouvez éviter bien des malheurs - vous ne serez certainement pas heureux dans la maison pauvre. L'argent doit être bien géré - ni gaspillé pour des choses inutiles (luxe), ni trop avare pour des choses nécessaires (pas les moins chères) - et bien l'investir : Peut-être d'abord dans votre propre appartement (vous n'avez donc pas à payer de loyer) et ensuite dans des stocks qui ont augmenté sur le long terme (environ 12 ans) ou dans une assurance-vie (afin que quelqu'un (cher) soit couvert dans le cas de décès). La discipline financière consiste à diviser l'argent qui durera jusqu'à la fin de la vie. Dépenser de l'argent (de l'argent de poche) pour s'amuser est amusant (pour les enfants). Astuce : Ayez toujours une réserve d'argent (5 000 - 25 000 €) pour les réparations, l'entretien, les spécialistes, les avocats et les médecins. Afin d'avoir un bon sentiment, vous devriez essayer de tout payer vous-même, les dettes et la dépendance financière créent de mauvais sentiments (malheureux). « L'argent, c'est du temps » signifie que c'est une question d'expérience ; par conséquent, une matière scolaire « l'argent » serait très utile pour les jeunes, dans laquelle ils apprennent à gérer l'argent. Il existe également des programmes PC (par exemple Quicken) qui fournissent un aperçu financier.

Souvent vous obtenez de l'argent par l'intermédiaire de partenaires, notamment dans le secteur privé à travers les mariages (et contrats de mariage) et les successions (ici cela compte d'abord le testament et le contrat de succession, sinon la succession légale et finalement toujours les portions obligatoires).

Ce n'est pas du tout faux si, d'un point de vue financier, vous pensez aussi à vos descendants (héritiers) et ne réclamez pas tout pour vous-même et le dépensez d'avance.

PS: L'inflation (dévaluation due à la hausse des prix) pourrait être évitée si les gens ont encore plus d'argent grâce à l'épargne (viande, transfert, énergie)

appréciation des gens	
sur les donations	
conjoint, partenaire	100 %
par enfant	80 %
par petit-enfant	40 %
par parent	20 %
par frère	4 %
par autre	4 %

Le graphique ci-dessous est un exemple de la façon dont l'argent peut être utilisé:

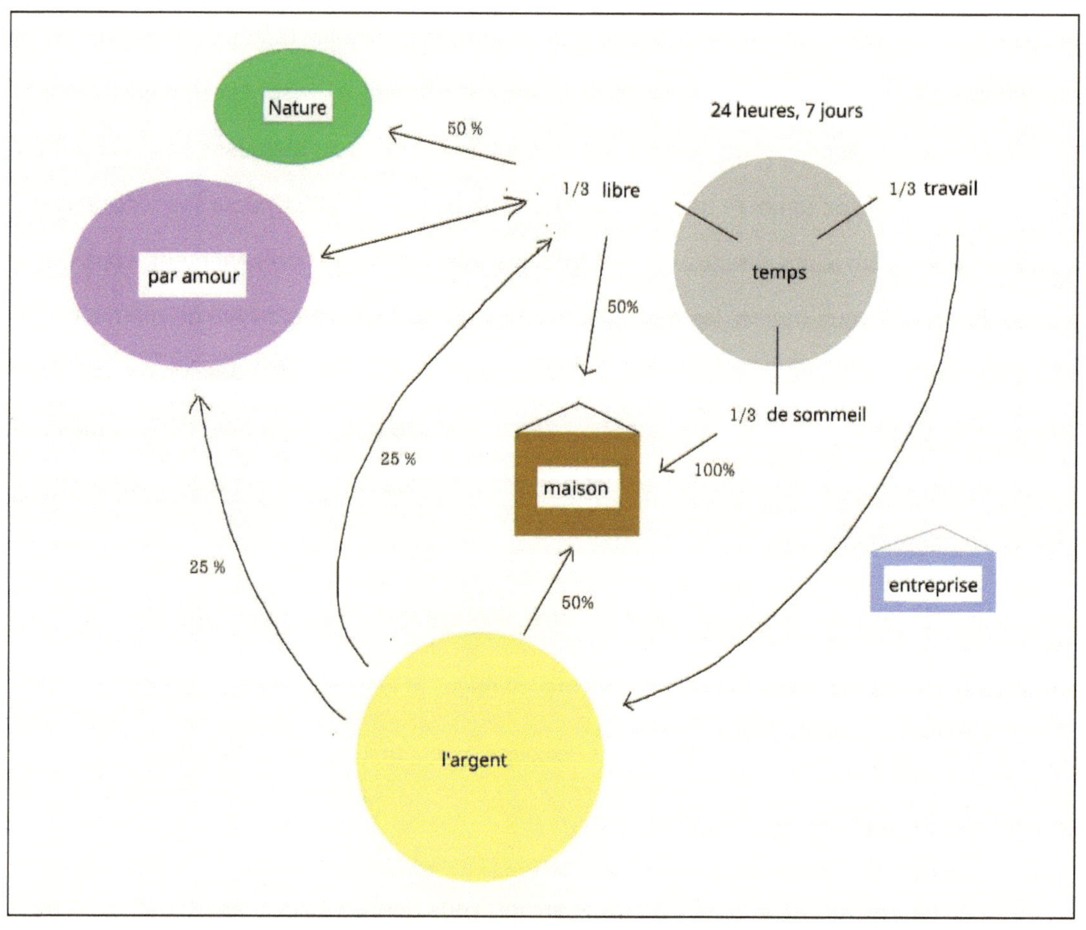

<u>**Impôts:**</u>

Afin de financer l'État avec ses infrastructures (terrains, routes, bâtiments), bureaux et domestiques (fonctionnaires) (dettes, frais fixes, investissements, retraites), il faut prélever des impôts (l'argent de la population) sur quelque chose...

Cela peut être utilisé pour réguler les fonds (et la vie) de sections de la population.

Si quelqu'un vit et/ou travaille dans un pays, il/elle doit également payer des impôts, une comptabilité et des informations correctes devant être respectées dans les plus brefs délais. Les chiffres de l'impôt doivent être traités à l'aide de la technologie informatique.

Si les impôts vous semblent trop élevés, vous pouvez voter pour un autre gouvernement aux prochaines élections ou quitter le pays et vivre/travailler ailleurs (ce qui est possible dans l'UE depuis un certain temps - voir accord de Schengen...)

Le système de contrôle doit d'abord être simple (avec une bonne saisie), mais ensuite très détaillé afin d'être le plus individuel (et donc précis) possible...

Les termes fiscaux (définition) doivent également être compréhensibles pour les personnes normales.

Les impôts doivent être transparents pour le citoyen. Cela ne fait pas de mal de tout savoir sur les impôts : à combien s'élèvent vos propres impôts et que deviennent-ils ? De bonnes explications sur la perception des impôts sont les bienvenues - les impôts pourraient être nommés de telle manière qu'il soit immédiatement évident dans quel domaine ils circulent - par exemple: la taxe environnementale profite à l'environnement. Cela crée de la transparence pour le citoyen concernant le paiement et l'utilisation des impôts et donc moins de critiques envers le gouvernement. Les impôts ne devraient être utilisés par le gouvernement qu'au meilleur de sa connaissance et de sa conviction. Le détournement d'impôts et le gaspillage devraient être criminalisés.

On peut aussi se demander si les impôts ne devraient pas être la seule source d'argent pour l'État, puisque le gouvernement en tant que législateur devrait jouer un rôle neutre dans l'économie et non « faire la loi pour lui-même »....

Remarque: si une seule religion perçoit des impôts, ce n'est pas dans le sens de la constitution.

<u>**Possession:**</u>

Un objectif dans la vie est d'être indépendant financièrement des autres et de posséder des biens sans s'endetter. Cela crée un sentiment positif.

La dette est un fardeau sur la propriété si l'on est responsable avec elle ...

La propriété foncière est particulièrement importante parce que les personnes qui ne possèdent pas de terre vivent dans la propriété d'étrangers, ce qui crée des sentiments négatifs parmi les locataires.

Posséder une petite maison pour chaque famille ("logement social") devrait être un objectif du programme politique du gouvernement. Il y a alors moins de difficultés....

Sagesse : "Petit mais à moi" (pas de propriétaires, créanciers, prêteurs, prêteurs)

Il est tout aussi important de posséder soi-même ou d'être propriétaire plutôt que de les louer.

Il est bon de garder son bien en bon état: Entretenir, nettoyer, nettoyer, rénover, car le bien ne se cassera pas et vous pourrez en profiter plus longtemps. L'appréciation et la rétention de la valeur sont bonnes. Au Japon par exemple, il faut mettre des chaussons avant d'entrer dans la maison pour ne pas salir la maison avec ses chaussures de ville....

Cependant, il n'est pas non plus juste de se distinguer uniquement par des biens matériels, car l'accent est mis sur les personnes ...

Des produits:

Un « produit » désigne ici un produit économique (bien, service) et non un produit issu des mathématiques (résultat de certains liens) ou de la chimie (substance résultant d'une réaction chimique). « En administration des affaires, un produit est compris comme un bien matériel ou un service (immatériel) qui est le résultat d'un processus de production - mais ceux-ci doivent être séparés, même s'ils sont souvent résumés dans des statistiques, comme c'est le cas avec le brut produit domestique ... pour un produit physique est souvent aussi le mot produit utilisé comme synonyme. " (Wikipédia)

Il existe des produits de masse (en grand nombre), des produits de série (en variantes), des produits

de niche (petite part de marché) et des produits individuels (fabriqués individuellement).

le Composants du produit se trouvent dans une propriété et une fonction de base, des

propriétés supplémentaires, un emballage, ainsi que des services de base et

supplémentaires.

le Types de produits peuvent être divisés en biens physiques de consommation (consommation et usage) et en industrie (divers), ainsi qu'en services (consommation et investissement). Le (multilingue)Description du produit peut être technique (dessin, données CAO), commerciale (avec un numéro d'identification unique - avec l'aide d'une certaine numérotation), liée à l'utilisation (instructions pour l'acheteur), à la maintenance et à la réparation (pour les ateliers) ou à la commercialisation (pour adresser des clients potentiels).

Est encore parlé par Produits complémentaires (« se complètent »), La conception des produits (Conception de produits de série), Moyens de production (travaux et équipements d'exploitation requis), Développement de produits (développer et construire un produit commercialisable, où la systématique et les méthodes complètent l'approche intuitive), Cycle de vie du produit (Mise sur le marché (principalement) d'un bien de consommation jusqu'à son retrait), Produits de substitution (remplacement interchangeable) et Conception universelle (peut être utilisé par de nombreuses personnes sans adaptation particulière). (Wikipédia)

<u>Économie:</u>

Selon Wikipédia : « L'économie ou l'économie est l'ensemble de toutes les installations et actions qui servent la satisfaction planifiée des besoins ...

"Le besoin d'activité économique naît de la rareté des biens..."

<u>Idée : entrepôt central européen avec fournitures d'urgence</u>

Dans le langage populaire, une économie est également appelée pub ou restaurant, car la nutrition est la plus importante pour de nombreuses personnes (comme c'est le cas pour les animaux). Puisque les gens mangent alors aussi de la viande animale (ce qui les touche), une sorte de spirale s'est développée qui s'agrandit à mesure qu'il y a plus de monde, ce qui surcharge la planète...

Le modèle doit pas être un Tyrannosaurus Rex dévorant tout le monde...

Mais: "Le sens de la vie est de vivre" - une économie est nécessaire pour cela ...

Une distinction est également faite entre l'économie et l'administration des affaires.

Économie désigne la totalité de tous les sujets économiques dans un espace. Les performances (PIB, revenu national), la distribution, l'évolution des prix, la structure, le chômage et le commerce extérieur sont tous pris en compte. Pour ce faire, on regarde l'économie et ses cycles et on fait une comparaison avec d'autres (y compris un compte national).

Économie de marché libre: un échange de biens et de services entre pays a du sens lorsqu'ils ont quelque chose d'unique pour générer un avantage commun. Par exemple, vous pourriez lire le livre d'Adam Smith, « La Richesse des Nations »...

Économie sociale de marché: Le volet social de l'économie de marché devrait aider les travailleurs et les employés à avoir une assurance maladie, retraite, chômage et soins de longue durée, afin qu'ils soient couverts et qu'il n'y ait pas de griefs, comme dans la révolution industrielle du passé. Il est important d'avoir une large classe moyenne dans la société qui forme un tampon entre les riches et les pauvres.

Marché prévu : N'a pas fonctionné car aucun progrès n'a été réalisé....

 traite de l'économie dans les entreprises. "Les objectifs sont la description, l'analyse, l'explication et l'accompagnement... des processus décisionnels dans les entreprises."

Le but de chaque entreprise est de générer du profit (pour sa propre existence grâce à l'argent). Les aspects suivants doivent être pris en compte:

Créer une nouvelle entreprise a du sens si vous avez développé un nouveau produit, par exemple un logiciel, sinon non, car il existe déjà de nombreux concurrents établis de longue date. Ouvrir une entreprise dans la région a du sens s'il y a suffisamment de clients gratuits et peu de concurrence sur place. Le rapport qualité-prix du produit/service joue un rôle majeur dans le succès sur le marché, mais là, vous devez vous comporter « normalement » en ce qui concerne les prix afin d'éviter l'irritation de la concurrence.

Dans une économie mondiale avec les mêmes prix d'achat des matières premières pour toutes les entreprises, les frais de personnel sont déterminants pour les coûts et bénéfices totaux. L'emplacement avec le personnel qualifié (et leur coût de la vie) doit être pris en compte lors de la planification de l'entreprise. La structure de l'entreprise doit être solide en raison de la stabilité. La pyramide est mieux adaptée que la tour et pourtant contient une certaine hiérarchie - le cône circulaire est encore mieux. Lors de la construction, vous devez commencer par le bas, donc dépensez d'abord de l'argent là-bas. Publicité : Les prix de la publicité télévisée sont déterminés par une mesure de panel et une extrapolation correspondante des chiffres d'audience ; une mesure réelle des numéros d'accès (sur Internet) serait préférable. Pour les entreprises artisanales (maîtres artisans), le bouche à oreille est souvent ce qui compte...

divers: En ce qui concerne le marché boursier, le nombre d'actions dans les entreprises devrait être standardisé afin que les cours des actions puissent être mieux "comparés".

Pension:

Ce qui plaide en faveur des retraites, c'est le fait que beaucoup de gens ont une retraite parce que les gens des classes inférieures ne veulent pas se soucier de leur retraite.

Ce qui est défavorable à la pension, c'est que les coûts sont de plus en plus élevés en raison de la démographie. Il y a aussi des frais administratifs. Les citoyens pourraient être obligés de souscrire une assurance privée (supplémentaire), mais si la compagnie d'assurance fait faillite, les ennuis et les coûts sont importants….

En tant que revenu supplémentaire pour les retraités, on pourrait créer des emplois adaptés à l'âge (comme le conseil et la formation en apprentissage) qui tiennent compte de la situation physique et mentale des personnes âgées. Leur expérience des choses immuables devrait jouer un rôle...

Une idée possible serait d'installer les retraités en grand « groupe » (1 000 personnes) dans un endroit à l'étranger (en Europe) (par exemple en Hongrie), où le coût de la vie est bien plus bas que chez eux. Les retraités en auraient alors beaucoup plus pour leur argent (maison/appartement plus grand, jardin) et pourraient mener une vie meilleure (par exemple, sortir manger beaucoup plus souvent par semaine), mais seulement si les autres conditions de vie (par exemple, soins médicaux + soins infirmiers) sont toujours d'un niveau normal, mais alors plus de haute technologie comme à la campagne. En regroupant de grands groupes, tout le monde a de la compagnie. De plus, les « idées anciennes » seraient quelque peu éliminées et les jeunes auraient plus d'opportunités chez eux, notamment en termes de logement.

Idée de vieille ville :
Si cela n'est pas souhaitable, on pourrait créer un quartier (avantage : on n'a pas à tout reconstruire à grands frais) pour les personnes âgées à la campagne (avec leur langue maternelle) ; notamment en ce qui concerne les handicaps liés à l'âge tels que la marche, les déficiences visuelles et auditives : sans obstacles, sans escaliers, plat, trajets courts vers les commerces, accès plus facile.